疾風六文銭

真田三代と信州上田

JN150495

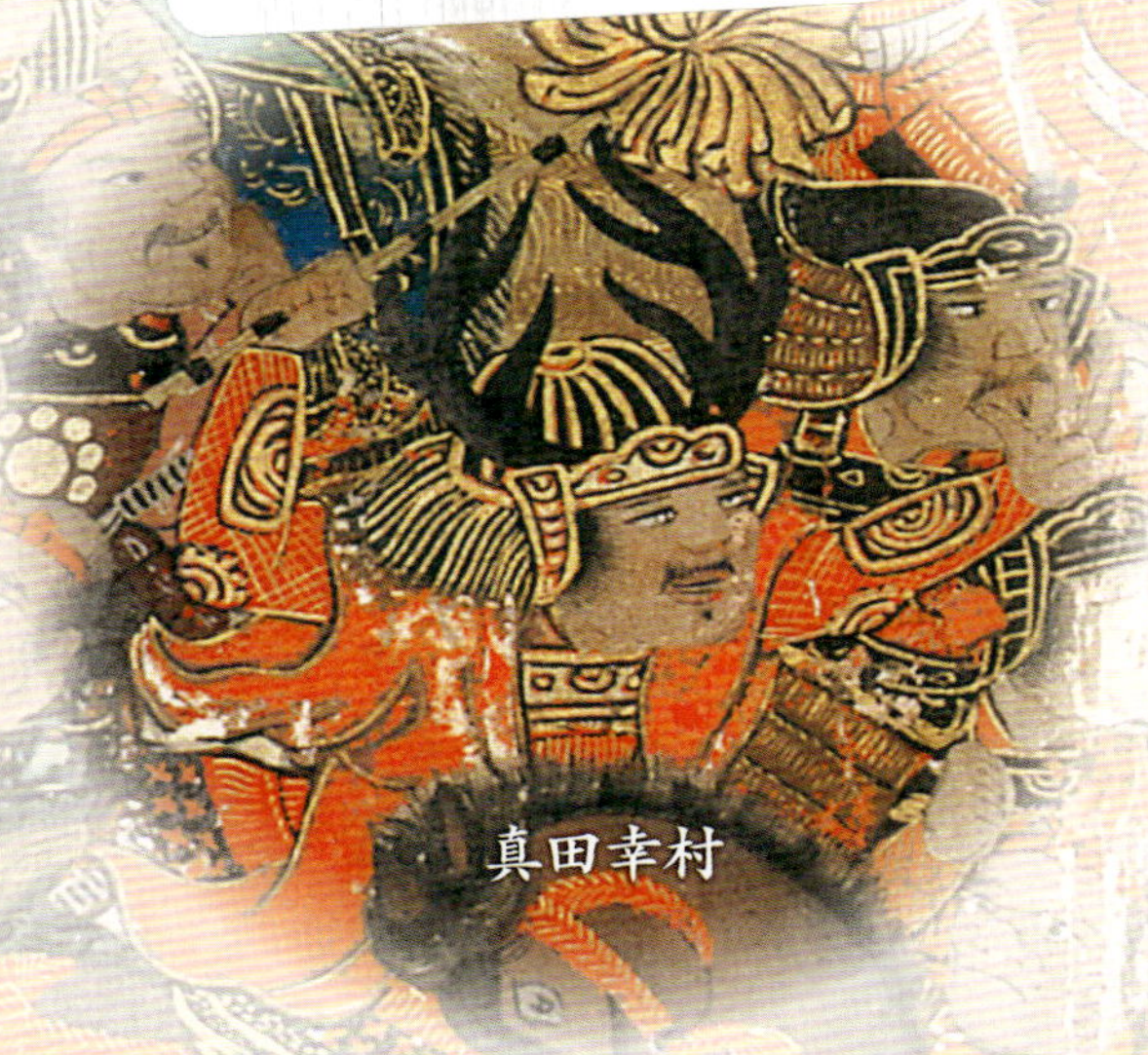

週刊上田新聞社

●上の絵は、「大坂夏の陣図屏風」(大阪城天守閣蔵)より。

よみがえる真田スピリット

童門冬二

いまは戦国時代の再来だといわれる。とくに「下克上」の風潮がすさまじい。下克上というのは「下が上を越える・下が上に勝つ」という意味だ。これが家庭・学校・職場・地域社会などで盛んに起っている。たとえば家庭で子供が親を選び、学校で生徒が教師を選び、職場では部下が上役を選ぶなどの現象だ。そのために、親も教師も上役も〝選ばれる努力〟をおこなわなければならない。実にうっとうしい世の中だ。そんなときに、

「麻のように乱れた社会の中を、快刀乱麻のように生き抜く存在」

があらわれると、思わず胸がスッキリし拍手する。真田一族はまさにこの〝スッキリ美しく、そして力強く〟生き抜いた一族だ。

先日、わたしは上田市からの依頼で「上田市観光大使」を引き受けた。この企てはおもしろい。というのは、市側の意向で「真田十勇士の中からひとりの名を選んで、それをあなたの名にしたい」といわれたことだ。つまり

上田観光大使は真田十勇士のたとえば猿飛佐助とか霧隠才蔵とかを名乗ることになる。わたしは俳優の根津甚八さんが好きであり、十勇士のひとりなのでこの名を選ばせてもらった。したがってわたしは「上田市観光大使童門冬二」ではなく「上田市観光大使根津甚八」である。戦国時代がいまに似ている現象としては、たとえば会社の〝M&A（合併と買収）〟現象が盛んにおこなわれたことだ。大企業が地域の小企業をどんどん併呑していく。抵抗する者ももちろんいる。それは地域の小企業はそれなりに地域と密着し客と信頼関係を長く築いてきた経験がある。それを大事にしたい。踏みにじる者とは徹底的に戦おうという心がまえだ。真田一族は、信州（長野県）上田市近くの真田の里でつづいてきた地方小豪族である。一時期は、甲斐の武田家と北信の村上氏との連合軍によって攻め立てられ、隣国の上州（群馬県）へ亡命した。その失地回復を実現したのが真田幸隆である。そしてこの幸隆とその子昌幸、そして昌幸の子幸村（信繁）の三人を〝真田三代〟という。幸村には信幸という兄がいて、これは関ヶ原の合戦のときに徳川方についた。のちの松代真田家の祖になる。

小豪族が大きな大名の攻略に対抗するには、どうしても調略（ゲリラ戦術）が必要だ。そのためには情報を集め、これを分析し、対応策を考え、実行するというプロセス

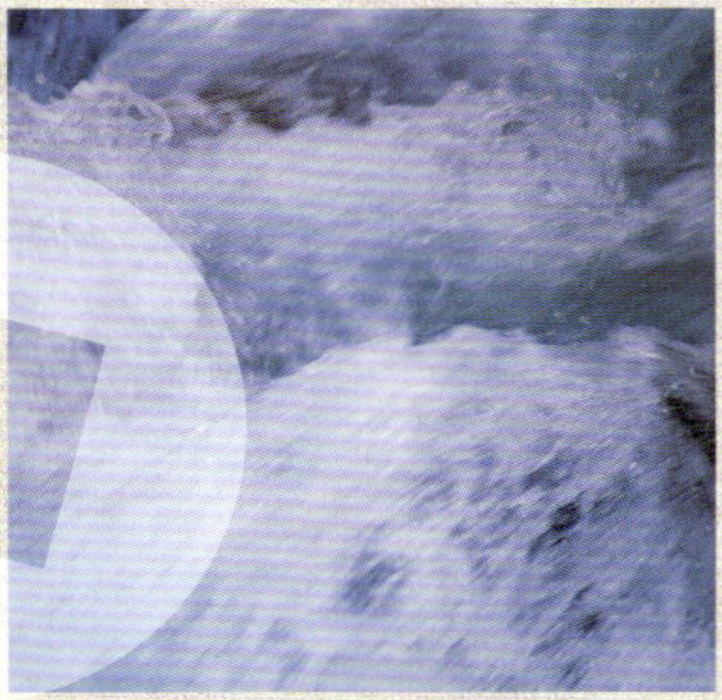

をたどる。真田十勇士はそういう各パートを受け持つエキスパートの集団だといっていいだろう。だから真田一族は、武田氏や豊臣氏や徳川氏などの大手に従属してはいたが、決して真田一門のいわゆる〝CI(コーポレート・アイデンティティ)〟を失ったわけではない。卑屈に従属はしていない。あくまでもこの〝CI〟を守り抜いている。では真田一族のCIとはいったいどんなものだろうか。

もともと真田家が属する海野一族は、古くからの名族でその淵源は清和天皇にさかのぼるという。天皇の皇子が眼病を患って信州にやってきた。そして地域の女性と結婚し海野小太郎を生んだ。以来、海野家の当主は小太郎の名を名乗る。皇子は亡くなって滋野天皇という名をおくられた。これが海野一族の誇りの源泉になる。したがって真田一門が守り抜こうとしたCIとは次のようなものだ。

・海野一族としての誇り
・それを保持するための戦略と行動
・小豪族であるために、時に調略を駆使する。そのために真田家は〝比興表裏の者〟と呼ばれた。これは卑怯者という意味ではない。行動が予測がつかず意外性が多いので、はたからみていて非常に興味深いという意味だろう。ちょうど南朝の楠木正成一族の行動に似て

いる
・出処進退が非常にあざやかである
・私欲がまったくない

いってみれば、その行動にはすべて詩的美学があった。だから、現在も真田一門の人気が高いのである。わたしは現在の地方自治体が努力している「地域の活性化」の大きな柱の一本として「地域の生んだすぐれた人物の事蹟をたどること」が肝要だと思っている。しかも地域だけがひとり占めにするのではなく、よその地域にも情報として発信し、その地方の活性化をもうながす役割を果すべきだ。この『疾風六文銭　真田三代と信州上田』は、その意味で、上田市・長野県だけではなく、日本の諸地域にも生き生きとした情報としてとびかい、それぞれの読み手に大きな興趣と感動を与えるにちがいない。つまりここに掲げたような真田一族のCIが、それぞれの地域のCIとなって連合し、日本全体を活性化する大きな火種になると信じている。

（作家）

よみがえる真田スピリット

◎真田信繁については、生前は「幸村」の名を使っていません。
しかし「幸村」がある時期から一般に広く使われるようになったことを考慮し、本書ではあえて「幸村」と表記しています。
「信繁（幸村）」と表記する場合もあります。

●はじめに

六文銭の旗印のもと、戦乱の世を疾風のごとくさわやかに駆け抜けた真田一族。その活躍と生き様は、私たち上田市民の誇りです。全国にファンがたくさんおられて、上田の地を有名にしていることもありがたい話です。

真田氏が拠点とした上田城は、２００６年に大阪城と友好城郭提携を結びました。その大阪城天守閣に展示されている大坂の陣合戦図には、真っ赤な旗に染め抜かれた六文銭の紋章が目立ちます。大阪での真田びいき、幸村人気には感心するばかりです。

この城郭提携を機会に本書は計画されました。真田氏に関しては従来から、『上田市誌』などのすぐれた書物が出版されています。それらの成果を踏まえ、多くの方々に親しんで頂けるよう、写真を多く使い、簡潔な記述で構成することを心がけて作りました。

◎表紙は、「大坂夏の陣図屏風」部分（大阪城天守閣蔵）です。
中央に鹿角の兜をかぶって采配をふるう真田幸村が描かれています。
表紙掲載に際して、見やすくするために加工を施しています。

とはいえ、歴史的な内容が中心ですので、正確さを逸脱するわけにはいきません。少し固い表現や言葉使いがでてくるのは、県民性のゆえもありましょう。ご容赦ください。

長野県は〝日本の屋根〟とも呼ばれるほど、高い山々がつらなっています。そんな高山から流れ出る細い水流が渓谷を作り、いくつかの沢水が集まってしだいに急流をなしていく――真田一族の発祥と活躍は、そんなイメージが重なります。信州の厳しくも美しい自然がはぐくんだものと言えましょう。

本書には現在の上田の自然や歴史遺産、産業などを紹介する観光ガイドのページも折り込みました。「まるごと真田」をお楽しみくださるとともに、新しい魅力も発見して頂けましたら幸いです。

＊なお読者の便のため、漢字などは基本的に現在の通用漢字を、仮名づかいも現代仮名を使用してあります。

戦国信濃の華 真田

寺島 隆史

中興の祖幸隆

真田氏は上田盆地の北東隅、旧小県《ちいさがた》郡真田町真田（現上田市）を苗字の地とする武士であった。一小土豪に過ぎなかったためだろう、中世史料の類にはほとんど形跡をとどめていない。その真田氏が天下に名を馳せる基礎を築いたのは幸隆（幸綱）であった。また、幸隆が世に出たのは武田信玄に仕えたことによる。

天文十年（一五四一）、海野《うんの》（東御市）を本拠とする海野一族は、武田信虎・諏訪頼重・村上義清の連合軍に攻撃され敗れた。海野氏の惣領家は没落し、その一族であった真田幸隆も上州へ逃れたという。しかし、幸隆はその後ほどなく、遅くとも天文十五年頃までには武田氏に出仕していた。

『甲陽軍鑑』によると、「他国を浪々している侍大将を家来に召し出せば調略に都合がよく、また、本領復帰のため必死で働くだろう」という山本勘助の進言を受けて、上州箕輪《みのわ》で浪人していた幸隆を、信玄が召し寄せたのだという。この話の真偽はともかくとして、武田氏の信濃攻略戦において幸隆は、期待された以上の結果を残した。

天文十九年、信玄が村上義清方の砥石《といし》城（上田市）を攻めた砥石合戦は「砥石崩れ」と呼ばれるような武田方の敗北に終わる。しかし、その翌年、幸隆はこの城を独力で奪取してしまう。これにより幸隆は念願の本領復帰を果たすとともに、武田の将としての地位を確固たるものとした。

天文二十二年、村上義清は越後へ逃げて上杉謙信を頼り、北信濃の支配をめぐる武田・上杉の川中島の戦いが始まる。その中で幸隆は、自らが攻め取った東条《とうじょう》城（尼飾城、長野市）の防備に平時はあたっていた。

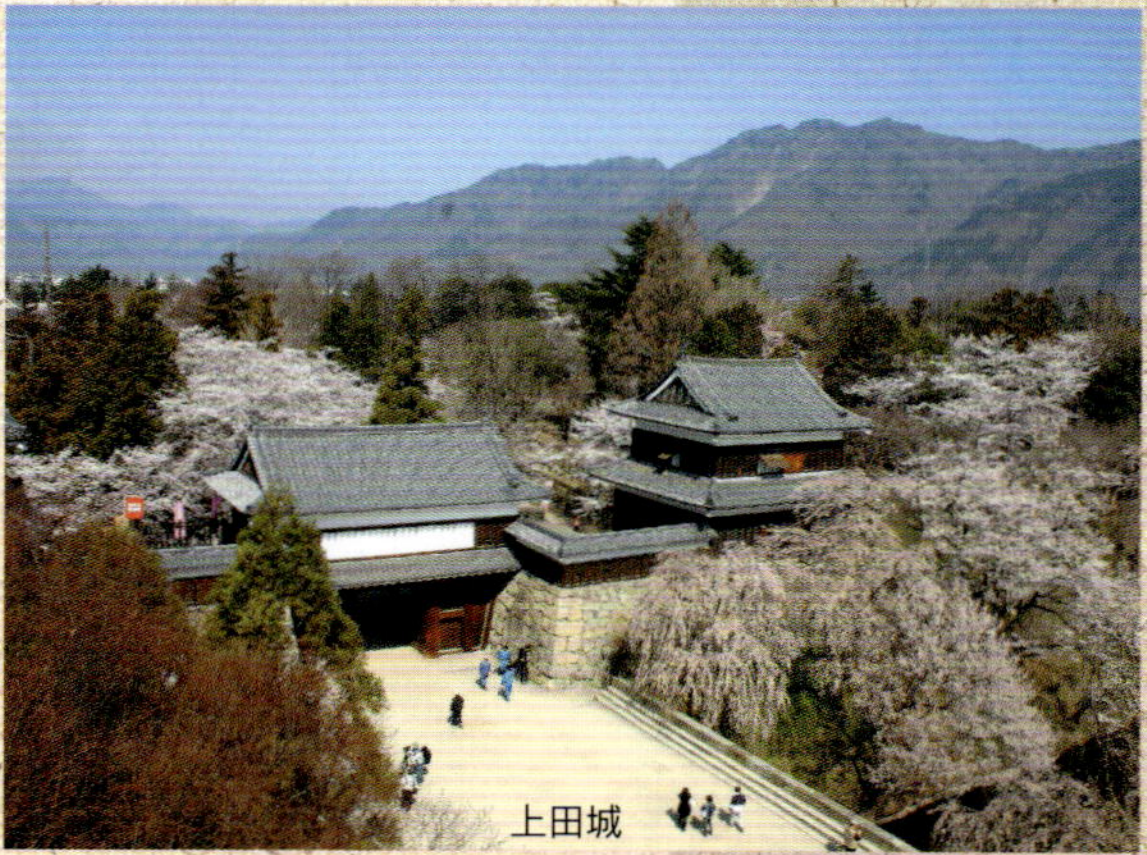

上田城

真田幸隆画像
（長国寺蔵）

真田昌幸画像
（上田市立博物館蔵）

真田信之画像
（真田宝物館蔵）

真田幸村画像
（上田市立博物館蔵）

甲越の戦いは、永禄四年（一五六一）の末からは、その主舞台を関東へ移し、幸隆も上州へと転戦する。幸隆の上州での戦功というと、従来はまず岩櫃《いわびつ》城の攻略が挙げられた。しかし、最近の研究により、これは事実ではないと考えられるようになった。それにしても、上杉方の沼田城に対抗する吾妻《あがつま》郡の最重要拠点岩櫃の城代に幸隆が任ぜられ、武田勢の最前線にあって奮闘したことは間違いない。幸隆は成人した長男信綱とともに上杉勢に抗して岩櫃城を守り抜いた。その間には白井《しろい》城（群馬県渋川市）を攻め取って、信玄から激賞されてもいる。

武田信玄は天正元年（一五七三）に死に、跡は勝頼が継いだ。幸隆も翌年、その後を追うように病没する。六十二歳であった。幸隆は数年前に隠居し、当主は信綱に代わっていたが、その頃の真田氏の兵力は二百五十騎といい、信州勢では最大であった。これは与力として武田氏から配属された吾妻の諸士を含む数とみられている。とは言え、このように外様の真田が寄親《よりおや》となっていること自体、異例であった。真田氏に対する武田氏の信頼度の高さがうかがえると言えよう。

真田昌幸の活躍

幸隆の三男昌幸は天文二十二年（一五五三）、数え七歳のとき証人（人質）として甲府へ送られ、武田信玄の膝下で育った。昌幸は信玄の小姓となり、その才覚を愛されたという。幼少期から青年期にかけて間近に仕えた名将信玄から受けた影響は、計り知れないものがあったと思われる。

成人した昌幸は甲斐の名族武藤氏を継承し、武田家臣団中枢の奉行人の一人として、また足軽大将衆として活躍している。その昌幸が真田家を継いだのは、天正三年（一五七五）の長篠の戦いで兄二人信綱・昌輝が討ち死にしたためであった。

真田氏当主となった昌幸は、真田の本領経営にあたるとともに、白井城代を務めている。そして天正八年には沼田城を攻略し、引き続いて沼田領一帯（吾妻・利根両郡）の支配を、武田勝頼から任されている。この事実は、真田家を相続した昌幸に対する武田氏の扱いは、単なる外様の先方衆というものではなく、譜代の重臣並みであったことを示している。昌幸は武略一辺倒の人物ではなかった。

武田氏の中枢にあって領国支配についての実績を若い頃から積み上げてもおり、これ以降の真田氏の発展も、その上に立っていた。

天正十年、武田勝頼は織田信長により滅ぼされ、続いて信長も本能寺で倒れる。このため無主状態となった信濃は、周辺の強豪大名、上杉・北条・徳川の争奪の地と化す。昌幸はこの混乱を乗り切って、武田氏配下時代以来の勢力圏であった沼田領を持ちこたえただけでなく、本拠地小県郡全域をも手中に収め、独立の大名へと飛躍を果たす。

昌幸の居城となる上田城の構築は天正十一年に始まるが、同十三年には徳川軍の襲来を招く。これは、沼田領を北条氏に引き渡すようにとの家康の命を、昌幸が拒絶したためであった。徳川勢七千余に対する真田勢は、二千足らずであったという。しかし、地の利を生かし、縦横に術策を駆使した真田軍の前に、大混乱に陥った徳川勢は大敗を喫する。死傷者数は徳川方千三百人余に対し、守る城方は四十人ほどであったと伝える。

その後、秀吉の裁定で沼田領問題は決着をみる。ところが、北条方の兵がこれを無視、真田方に残された名胡桃城《なぐるみ》（群馬県みなかみ町）を奪い取るという事件を起こす。秀吉はこれを重大な違法行為だとして、天正十八年、北条氏を攻め滅ぼしあわせて奥州も平定、天下統一を達成する。

慶長五年（一六〇〇）の関ヶ原の戦いに際して真田氏は、父子兄弟が東西両陣営に分かれて戦った。昌幸とその次男幸村（信繁）は、反徳川の石田三成方（西軍）について上田に籠城する。その一方で幸村の兄信幸（信之）は徳川方（東軍）に加わった。

昌幸・幸村父子は上田城に立て籠もり、中山道筋を西へと上る途中、上田へ押し寄せた徳川秀忠軍三万八千を、わずか二千五百という兵で待ち受けた。

この二回目の上田合戦は、にらみ合いの内にやや大規模な衝突が一度起こっただけで終わる。しかし、急を要する西上

真田三代略年表

応永7年（１４００）	大塔合戦（『大塔物語』に「実田」の名）。
応仁元年（１４６７）	応仁の乱おこる。
天文10年（１５４１）	武田・諏訪・村上の連合軍、海野平で海野氏を破る。
天文15年（１５４６）	真田幸隆、このころ武田信玄に出仕。以後信玄の信濃攻略の先鋒として活躍。
天文17年（１５４８）	信玄と村上義清の上田原の戦い。
天文19年（１５５０）	信玄、砥石城を攻めて敗退（砥石崩れ）。
天文20年（１５５１）	幸隆、独力で砥石城を乗っ取る。真田の本領を回復。
天文22年（１５５３）	川中島で甲越両軍の戦い（第1回）。
永禄4年（１５６１）	川中島で信玄・謙信、激戦。
永禄7年（１５６４）	幸隆ほかの武田勢、上州の岩下城、岩櫃城を攻略。
永禄10年（１５６７）	信玄、配下の武将に起請文を書かせる。
天正元年（１５７３）	信玄、三河侵攻の帰途に信州駒場で死去。
天正2年（１５７４）	幸隆、病没。62歳。
天正3年（１５７５）	長篠の戦いで信綱と昌輝が戦死し、昌幸が本姓に戻り真田家を継ぐ。
天正8年（１５８０）	昌幸、上州沼田城攻略。
天正10年（１５８２）	武田家滅亡。昌幸は織田信長に従属。信長の死後は、まず上杉に、次いで北条に付いた後、徳川家康に従う。
天正11年（１５８３）	上田築城始まる。昌幸、家康の北条氏へ

「武田信玄二十四将図」（部分）
（大阪城天守閣蔵）

の途で、この地に数日間も釘付けにされたことは徳川軍にとって大きな痛手となった。秀忠は関ヶ原での決戦に間に合わなかったのである。

このおり秀忠が率いていた軍勢は徳川譜代の大身《たいしん》中心の主力部隊であった。このため関ヶ原合戦後の論功行賞において、家康が率いた豊臣系の諸将に、没収地の大半を恩賞として与えざるを得ず、その後の政治体制に大きな影響を残したとの指摘がある。秀忠の関ヶ原遅参をもたらしたこの上田合戦は、関ヶ原合戦にまつわる一エピソードにとどまらない重要な意義を持ってもいたのである。

それはともかくも、この戦いにおいても、真田勢は徳川軍に屈しなかった。が、結果として西軍は敗れ、昌幸は幸村とともに紀州高野山へ流罪の身となる。しかし、その領地は、徳川方に付いた信幸が継ぐことを認められ、真田家は存続することができた。昌幸は配流先で慶長十六年（一六一一）に六十五歳の波乱の生涯を閉じる。その三年後、幸村は豊臣秀頼の大坂城に招かれて配所を脱出、冬の陣、夏の陣で目覚しい戦いぶりを示し、死に花を咲かせ名を残した。

関ヶ原の戦いに際しては、豊臣恩顧の諸将も多くが東軍についた。昌幸以外の信濃の諸大名も全て同様である。昌幸・幸村父子の上田籠城は、まさに孤城に拠っての戦いであった。それなりの勝算はあったのだろうが、危険な賭けではあった。ここであえて西軍についたのは、先の衝突以来の家康への不信感が先に立ったからだろうか。いずれにせよ常識的な判断ではなかったかもしれない。しかし、これにより後の大坂城での幸村の活躍にも繋がる物語が生まれることとなった。

（元上田市立博物館館長）

	の沼田城明け渡し命令を拒否、家康から離れる。
天正13年（1585）	昌幸・信幸・幸村父子、大挙して攻める徳川軍を撃退（第一次上田合戦）。
天正15年（1587）	昌幸、秀吉の仲介で家康の配下となる。
天正17年（1589）	秀吉裁決で沼田城は北条氏に。真田に残された名胡桃城が北条に奪われる。
天正18年（1590）	秀吉、北条を討伐して全国統一達成。真田父子も参戦。沼田城は真田に復し、真田父子も再び秀吉の直臣に。
慶長3年（1598）	秀吉が没する。
慶長5年（1600）	昌幸、幸村は石田三成方に属し、犬伏の陣より上田城に戻る。信幸は徳川方に。昌幸らは徳川秀忠の大軍を上田城に迎え討ち、釘づけにする（第二次上田合戦）。関ヶ原の戦いで西軍が敗れ、昌幸・幸村は高野山に配流となる。
慶長16年（1611）	九度山で昌幸病没、65歳。
慶長19年（1614）	幸村、豊臣方の挙兵に応じ、九度山を発ち大坂城に入る。真田丸を築いて、徳川方を破る（大坂冬の陣）。
慶長20年（1615）	幸村、大坂夏の陣で家康の本陣に迫る奮戦の後、戦死。大坂城は落ち豊臣氏滅ぶ。
元和2年（1616）	信之、このころから上田の統治に専念。
元和8年（1622）	信之、上田から松代に移封。
万治元年（1658）	信之、93歳で没す。

信州青木村
真田幸村公が慕い敬った姉
村松殿ゆかりの郷
信州青木村限定栽培の
蕎麦「タチアカネ」
花の見頃は9月中旬。
新蕎麦は11月初旬から。
石臼挽きにこだわり提供。
村内そば店で好評発売中です。
青木村観光協会 TEL0268-49-0111
青木村
検索

真田家
ゆかりの地
信州
長和町
和田宿
長久保宿
信州・長和町観光協会
☎0268-68-0006
公式サイト●www.nagawa.info
Facebook●https://www.facebook.com/nagawainfo
長野県小県郡長和町古町2424-19

真田氏発祥の地

戦国時代末期を、さわやかな疾風のごとく駈けぬけた真田一族。その発祥は上田市北東の山村で、古い歴史と厳しい自然条件の中から、真田氏の特徴である気骨ある精神がつちかわれた。

真田の山河

真田の里から四阿山(右)と根子岳(左)をのぞむ。四阿山は特に、広い範囲の多くの人々の信仰を集めた。

真田氏発祥の地、現在の上田市真田町は、三方を山に囲まれた盆地状の山村である。

中央を神川《かんがわ》が流れ、周辺に田畑が広がる。奥には四《あず》阿山《まやさん》や根子岳《ねこだけ》、烏帽子岳《えぼしだけ》などの高山がそびえる。

中央の小山が通称真田氏本城跡。田園の中に突き出し、盆地全体をにらんでいる。

この地域には古くから人が住み、古代から中世にかけて牧《まき》が経営されていたと考えられている。菅平《すがだいら》などの高涼な地が多く、優秀な馬を育てるのに適していたからであろう。

そして真田地方は古くは山家郷《やまがごう》と呼ばれていたらしい。今も中心部に山家《やまが》神社があり、以前は神川流域の広い地域の尊崇を集めていた。山家神社の奥社は四阿

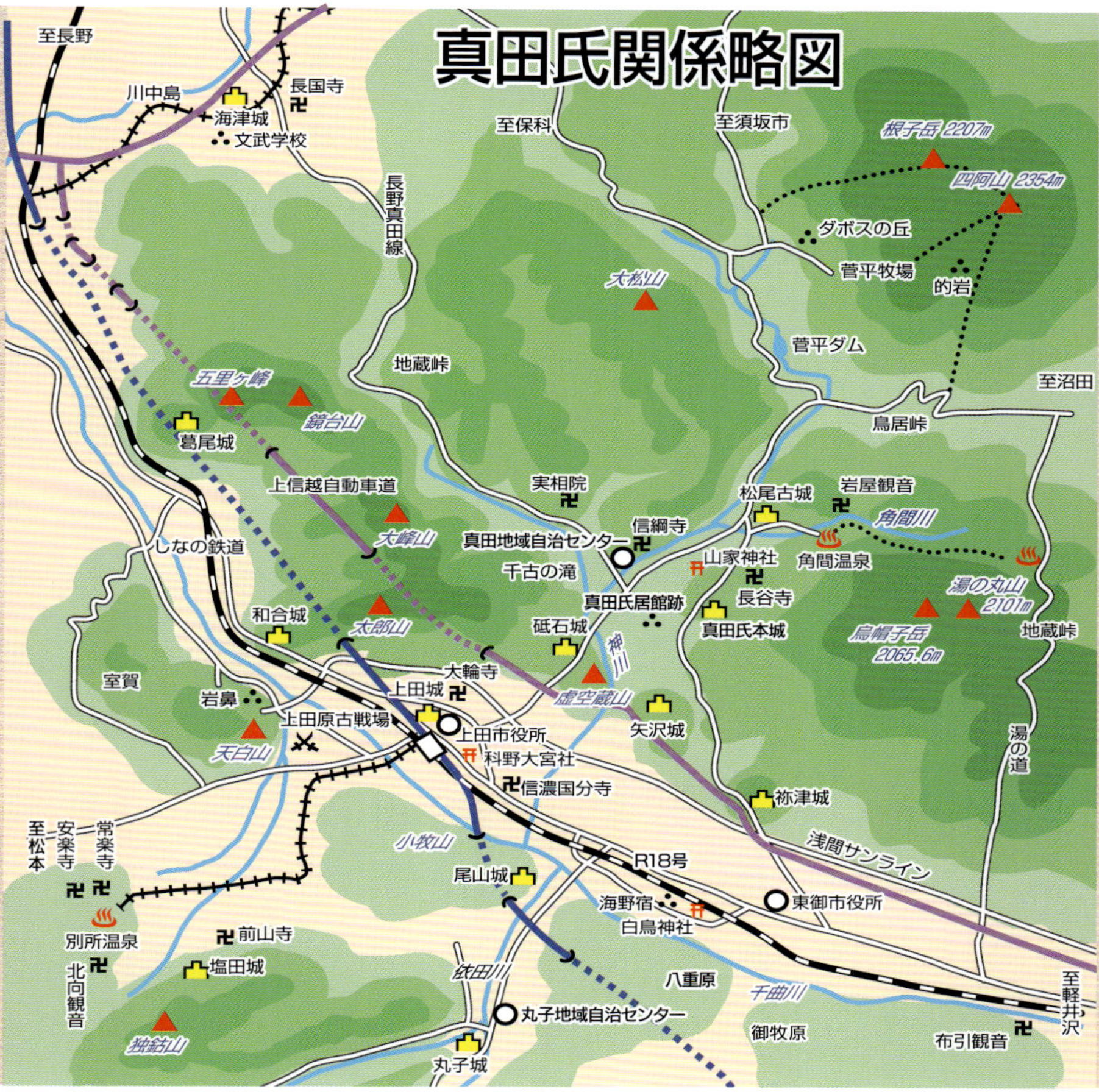

山山頂にまつられる。山家神社は中世から近世にかけては白山《はくさん》社（白山権現）と呼ばれ、大きな信仰圏を形づくっていた。

神川の清流。四阿山を水源とし、農業用水として重要な役割をになう。

「実田《さなだ》」を名のる武士がいた

真田氏の始祖は幸隆《ゆきたか》（幸綱《ゆきつな》）だとされるが、その由緒はじっさいにはわからないことが多い。

歴史文書に真田地方の武士の名が出てくるのは、室町時代の応永七年（一四〇〇）の大塔《おおとう》合戦の記録が最初とされる。この合戦は、信濃守護に任じられて京都から下ってきた小笠原長秀が、北信濃の土豪・地侍の連合軍に敗れた戦い。

合戦の記録『大塔物語』には、多くの北信濃と東信濃の武士の名が出てくる。その中に「実田《サナ》、横尾、曲尾」がまとまって挙げられており、これは現在の真田地方に居住した武士だろうと推測されている。横尾《よこお》、曲尾《まがりお》は今も地名があり、山城跡も確認されるからである。

「実田」は「さねだ」とも読めるが、「さなだ」すなわち「真田」と重なる。この実田が後の幸隆の祖先なのかどうかはわ

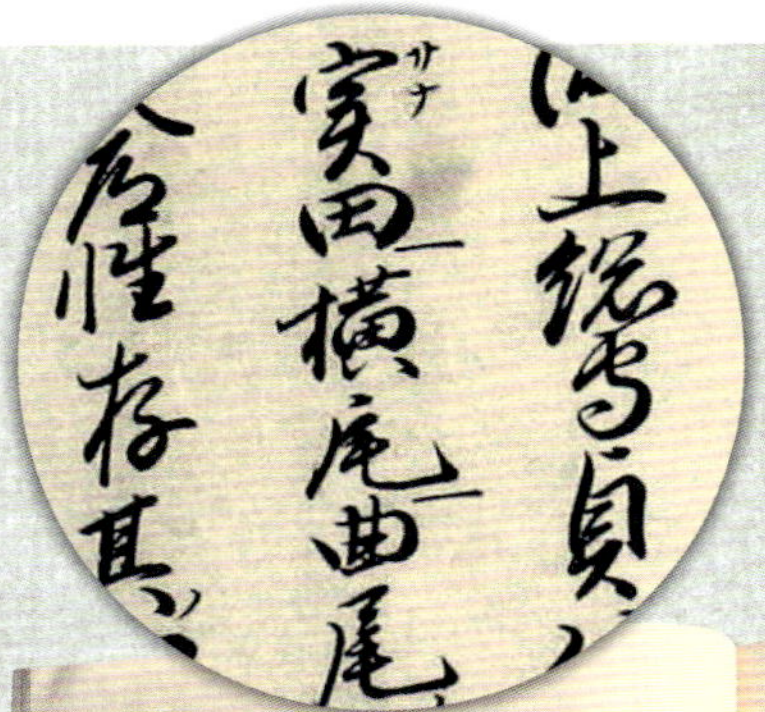

『大塔物語』は室町時代に書かれた軍記書。悲話などもまじえた一種の文学作品であるが、史実にも忠実で、史料的価値が高いとされる。（上田市立博物館蔵）

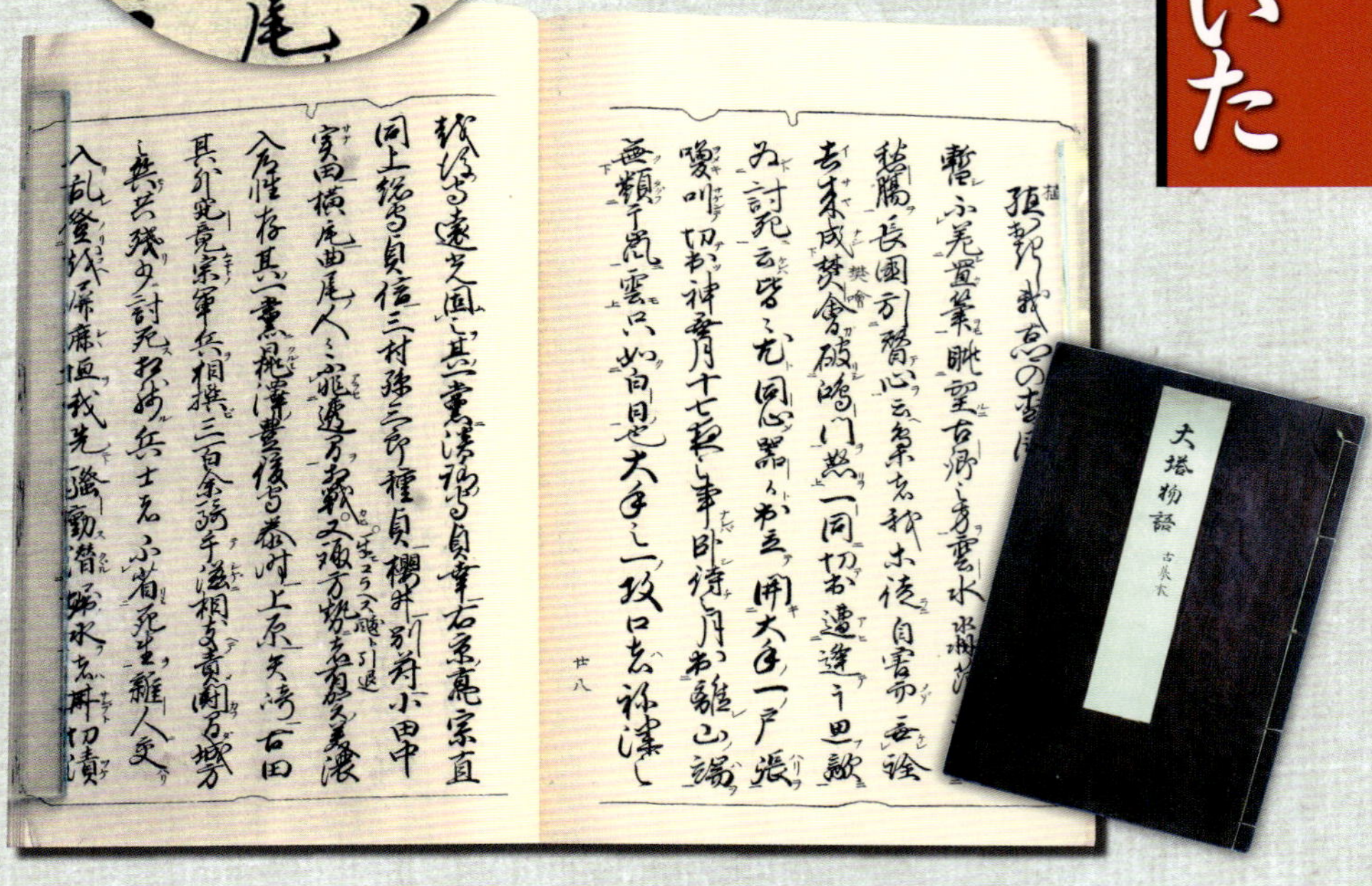

からないが、少なくともこの地方に実田=真田と名のる武士が早くからいたことが推測される。

なお、永享十二年（一四四〇）に結城城《ゆうきじょう》（茨城県）であった合戦の記録に真田という武士の名が見えるが、これが小県の真田氏なのかどうかは不明である。

この後、幸隆の時代まで、真田を名のる武士は文書等にはほとんどあらわれてこない。

（右）「沼田道」と呼ばれる旧道。上田市殿城の瀧の宮神社前から、真田・鳥居峠方面へ抜ける古い道筋であろう。
（上）横尾城跡。上田市真田町傍陽方面には横尾氏・曲尾氏という土豪が根を張っていた。

中原（上田市真田町）の宝篋印塔《ほうきょういんとう》。貞治五年（一三六六）の北朝年号が刻まれる。この地方には室町前期の記銘の塔がいくつかあり、当時の文化の高さがしのばれる。

海野一族として

真田氏本城より四阿山（中央）と根子岳（左）をのぞむ。手前の家々が小字「真田」の地。この周辺に山家神社、古い館跡・町割が残る。

真田氏の発祥については謎が多いが、一つの有力な説としては、東信濃の名門、海野《うんの》氏の流れをくむ、とされる。このことが真田氏が勢力を伸ばすにあたって、有力な契機になったというのである。

海野氏は小県の海野地方（現在の東御《とうみ》市から上田市東部）に勢力を築いた豪族。もとは中央貴族の流れをくむ滋野《しげの》氏の嫡流といい、滋野三家（海野、望月、祢津）の盟主とされた。小県や北佐久に有力な一族が広がり、上州方面にも地蔵峠（東御市）や鳥居峠（上田市真田町）を越えて、多くの支族が根を張った。

角間川の清流。松尾古城の下を流れる。

戦国時代の信濃には諏訪から上伊那にかけて諏訪氏、府中（松本市）に小笠原氏、北安曇に仁科氏、北信濃には村上氏・高梨氏などの武将がひしめいていた。東信濃では佐久に大井氏・望月氏・依田（芦田）氏などが割拠し、小県に海野氏や依田氏などのほか、村上氏が塩田地方に勢力を広げていた。

こうした中に隣国・甲斐《かい》（甲州）の武田氏が攻め入り、信濃は戦国の争乱に巻き込まれていく。その中から真田氏が台頭してきたのであった。

松尾古城

松尾古城全図（真田宝物館蔵）。江戸時代に描かれたものだが、後世の真田氏にとっては発祥の地として重視されていた。

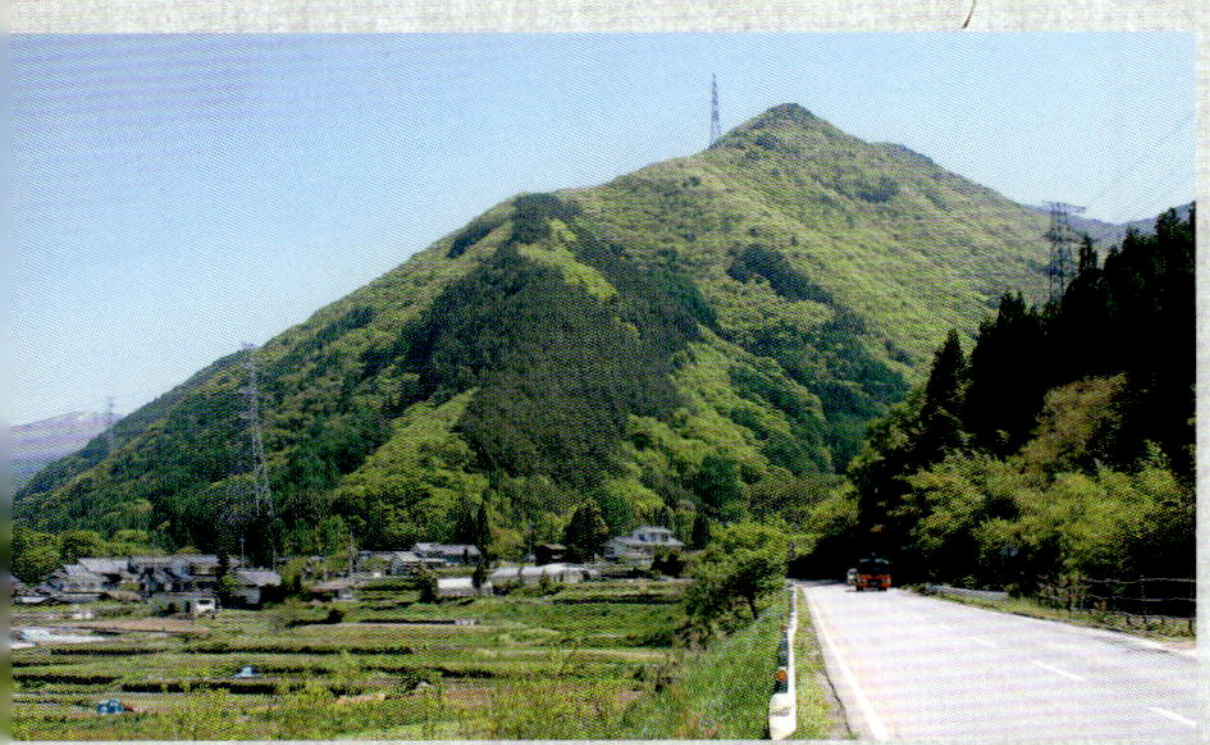

松尾古城を下から見る。右の谷が角間渓谷、左が神川の谷。

古城は狭い尾根筋に築かれていた。今も空堀などが幾重にも見られる。左下写真は、石積みが残る本郭。

真田紐・六文銭グッズなら

Web shopゆたかやで

真田昌幸・幸村の里「信州上田」にある老舗呉服店ゆたかやです。当店では着物のほかに、六文銭・真田幸村・真田十勇士・上田紬の各グッズや真田紐を製造・卸・販売しております。

六文銭のぼり旗

クレジットカードでお買い物なら

「Amazon店」

www.amazon.co.jp

Amazonサイト内［Web shopゆたかや］で検索!

代金引換・銀行振込でお買い物なら

「ながのモール店」

www.nagano-mall.jp/hope/static/yutakaya

趣味のきもの ゆたかや

〒386-0012 上田市中央2-2-16● 火曜定休

TEL.0268 (24) 5298《ごふくや》(代)

http://yutakaya.jp

E-mail：kimono@earth.ocn.ne.jp

幸隆の登場

真田氏中興の祖とされる幸隆が活躍するのは、戦国時代の真っただ中の天文年間(一五四〇年ころ)から。真田地方の小豪族から武田氏配下の有力武将として成長し、活動の場を広げていく。

真田幸隆略年譜

永正10年(1513)	幸隆、出生。
天文10年(1541)	武田・諏訪・村上の連合軍、海野平で海野氏を破る。幸隆は上州へ逃れる。
天文15年(1546)	幸隆、このころ、武田信玄に出仕。以後信濃攻略の先鋒として活躍。
天文17年(1548)	信玄と村上義清の上田原の戦い。
天文19年(1550)	信玄、砥石城を攻めて敗退(砥石崩れ)。
天文20年(1551)	幸隆、砥石城を乗っ取る。真田の本領回復。
天文22年(1553)	川中島で甲越両軍の戦い(第一回)。幸隆、このころ、埴科郡尼飾城を攻略。
永禄4年(1561)	川中島で信玄・謙信、激戦。幸隆、上州へ転戦。
永禄7年(1564)	武田勢は上州岩下城、岩櫃城を攻略。幸隆、岩櫃城城代に。
永禄10年(1567)	幸隆、上州白井城を攻略。
天正2年(1574)	幸隆、没。62歳。

海野平の合戦

信濃が本格的な戦国の争乱に巻き込まれていくのは、隣国・甲斐《かい》からの侵入によってであった。甲斐国内を統一した武田信虎は、天文五年（一五三六）ころから佐久地方への侵攻をくりかえした。天文十年には諏訪頼重・村上義清と手を組んで、小県の海野氏を攻める。

当時の諏訪の記録では——

「五月十三日、頼重、武田信虎へ合力《ごうりき》のため海野へ出張す。同じく村上殿、三大将同心にて尾山《おのやま》を攻め落とされる。次の日海野平、同じく祢津を悉《ことごと》く破る。……祢津は神家《みわけ》につながるので、この方より召し帰された。矢沢殿も色々侘言《わびごと》を申された。海野殿は関東へ越して、上杉殿を頼み申される」（『御頭《おとう》之日記』）

これを一般に「海野平の合戦」と呼ぶ。

まず尾山（尾野山。上田市生田）を攻め落とし、ついで千曲川対岸の海野地方

海野幸義戦死の地（上田市神川）。幸義は棟綱の嫡子。海野平の戦いは神川付近で最も激しい戦闘があったという。

白鳥神社（東御市本海野）。海野一族の氏神とされ、真田氏も尊崇した。このあたりが海野氏の本拠地だった。

旧北国街道海野宿（東御市）、白鳥神社に続く。古い家並みがそっくり残っている美しい景観が観光客に人気。千曲川に近く、この付近は古くから戦略的に重要な地であった。平安時代末の治承四年（一一八〇）木曽義仲が平氏討伐の挙兵をした「白鳥河原」は、このあたりだろうと推測されている。

（東御市から上田市東部）で海野勢を破ったという。祢津氏は諏訪氏の一族とみなされて許され、矢沢氏は降参した。海野氏は関東に逃れ、上杉氏を頼った……。

この海野氏は当主・棟綱で、長男の幸義は神川での激戦の中で戦死したと伝えられる。棟綱は上州にあって再起をはかったが、間もなく歴史文書からは消えてしまう。

真田幸隆はこの戦いで、棟綱と一緒に上州へ逃げたという。このことは後の真田家の記録や、上州側の伝承にも記されている。幸隆の活動が確かな文書に現れるのは、もう少し先のことになる。

海野平の合戦の直後、武田家では内紛が起き、信虎は息子・信玄（晴信）によって駿河へ追放されてしまう。翌天文十一年に信玄は、諏訪頼重を攻め滅ぼし、領土とする。ついで上伊那地方、佐久、小県南部へと版図を広げていった。

海野平古戦場の図、嘉永2年（1849）の刊本。
合戦のようすを示す史料は残っていない。

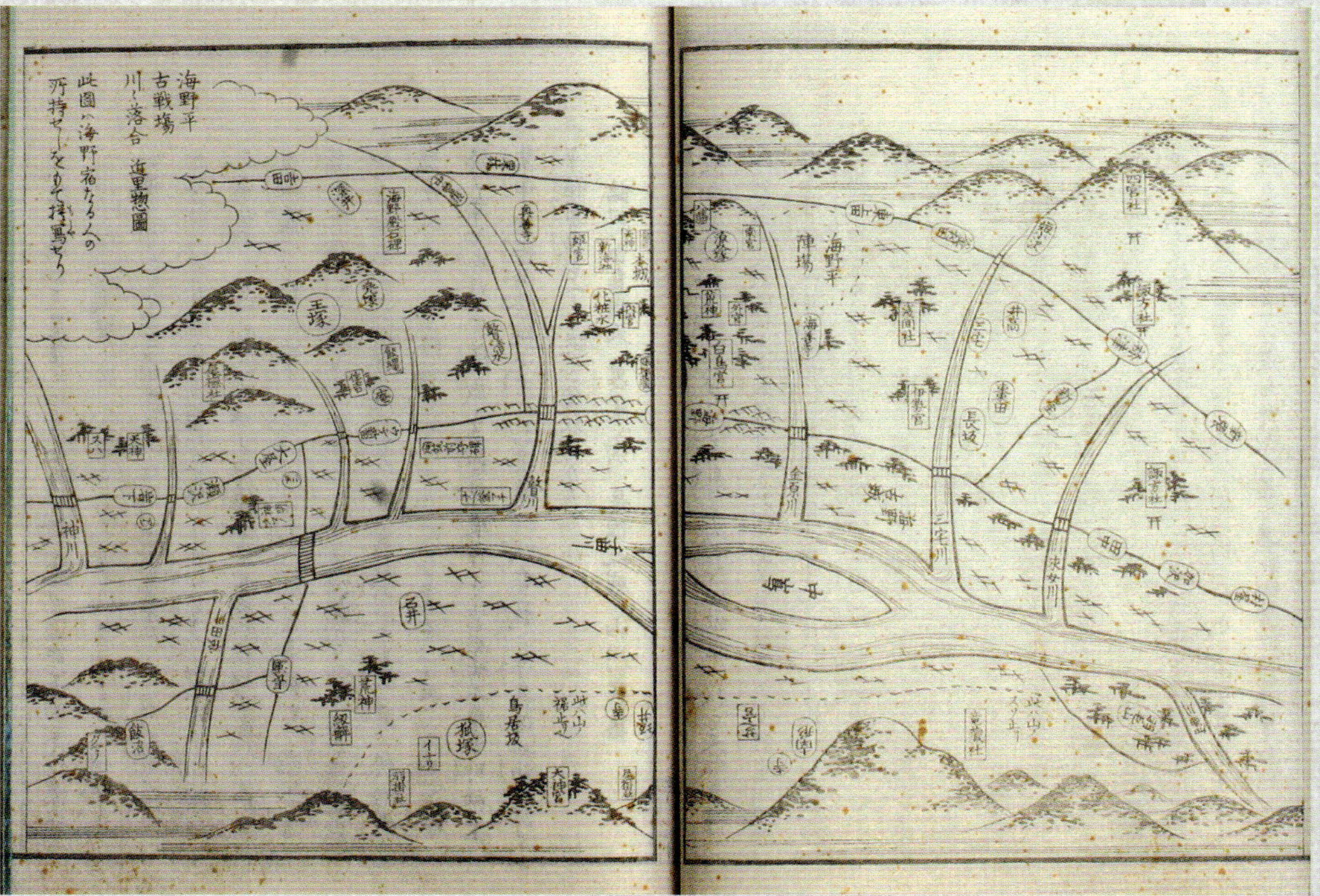

海野平古戦場の図（『善光寺道名所図会』より）（上田市立博物館蔵）

信玄の配下として登場

真田氏本城跡（上田市真田町本原・長）。見はらしがよく、四阿山・根子岳や砥石城・太郎山もみわたせる。なお、「真田氏本城」の名は近年つけられたもので、古くは「松尾城」などと呼ばれた。

本城は岡の上を何段にも平らにしてあり、規模は小さい。近くまで車で入り気軽に散策できる。松風を聞きながら周囲の眺望を楽しみたいところ。

本城近くの石仏は馬頭観音で、江戸時代のものであろう。この近辺はユニークな双体道祖神がいくつも見られ、上州との文化交流をうかがわせる。

真田幸隆が確実な史料にあらわれるのは、天文十八年（一五四九）のこととされる。

「(三月）十四日土用、七百貫文の御朱印を望月源三郎方へ下された。真田が渡す。依田新左衛門が請《う》け取った」(『高白斎記』)

これは武田信玄の使者として幸隆が佐久郡の望月氏へ、所領安堵《あんど》の証文を届けた時のもの。幸隆が望月への工作にあたっていた故かとも見られるが、いずれにせよこの時期すでに、武田家の家臣として有力な武将になっていたことがわかる。

海野平の合戦で敗れて上州へ逃げたといわれる幸隆が、どのような事情で信玄の配下に入ったのか。山本勘助の誘いで武田の家臣になったとも言われるが、確かなことはわかっていない。

天文十八年に信玄の使者をつとめるほどだから、おそらく、数年前から武田家に従っていたものと思われる。その時期は、天文十四〜十五年のころではなかったか、という説が有力である。

この時期、関東の上杉氏の勢力は少し衰えており、信濃へ兵を進めることは減っていた。幸隆が村上氏に奪われた自分の本拠地・真田地方を回復するには、他の勢力と組まざるを得ない。そこで、東信濃へ進軍してきた武田氏と組むことにした、と想像される。

武田氏に属したことで、幸隆は急速に頭角をあらわしていった。

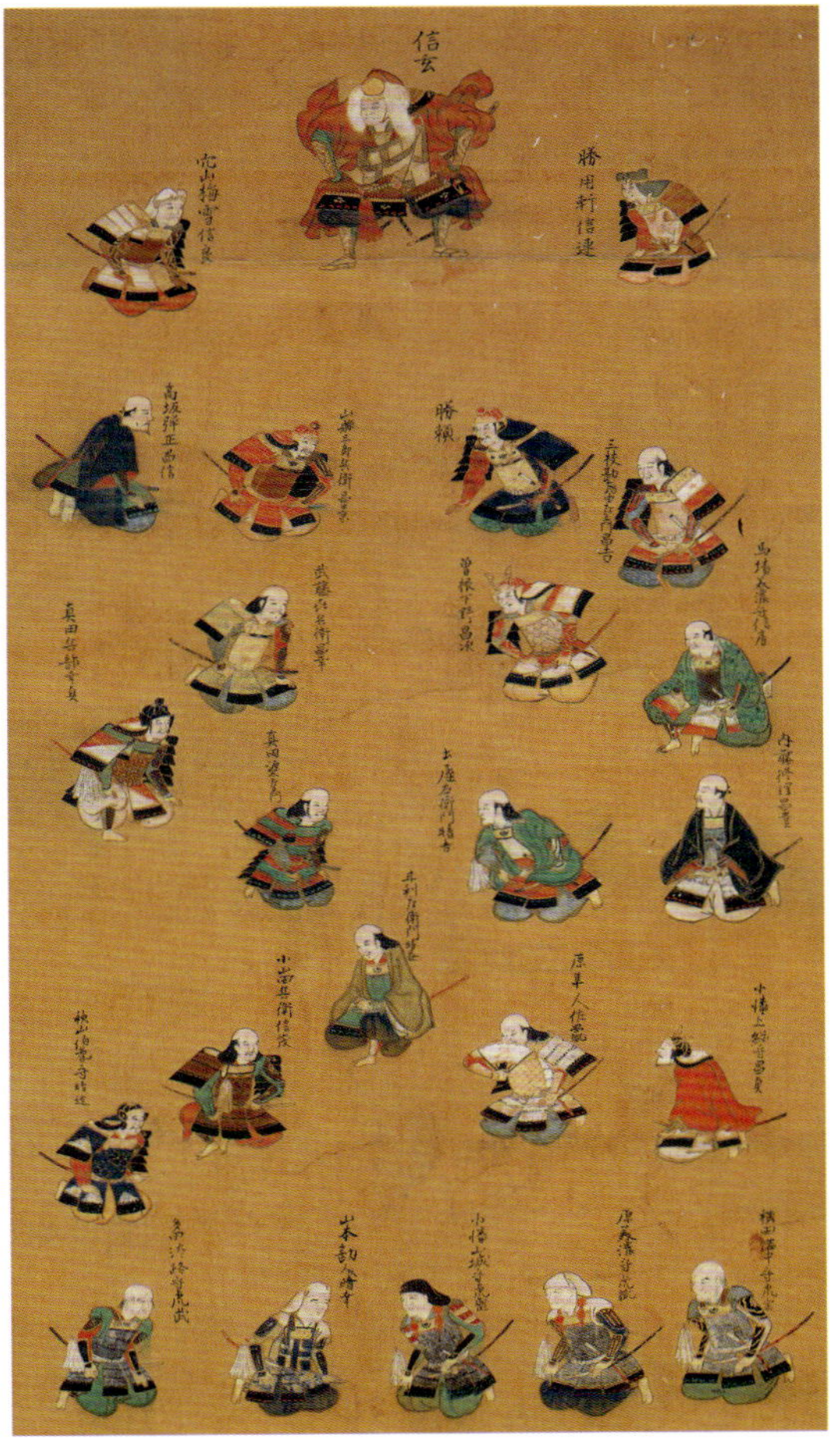

「武田信玄二十四将図」(大阪城天守閣蔵)。この種の画幅は多数知られているが、信玄を筆頭に武田氏の重臣や著名人を列挙する。山本勘助の入るものが多く、真田氏も登場する。幸隆(一徳斎)、信綱、昌輝、昌幸(安房守)が複数で描かれる場合もあった。いずれも後世に作られたものだが、真田氏はこのように「厚遇」されている場合が多い。

幸隆の出自は

真田氏は実質的には幸隆（幸綱）が初代と言ってよい。しかし、その幸隆にしても、出自はよくわからない。

江戸時代に松代藩主真田家により作られた系図では、海野氏の惣領棟綱の嫡子幸義の長男が幸隆とされている。その幸隆が真田に住んだため、苗字を真田と変えたというのである。

もちろんそんなはずはなく、断片的にせよ古くから真田の地にいたことが明らかな小領主真田氏の系統で、海野氏の分流であったとみられる。

永禄十年（一五六七）に武田信玄に忠誠を誓って出された配下の将士起請文の提出者の中に「海野衆」の一人として真田右馬助綱吉という人物がいた。幸隆の実弟とされる矢沢綱頼が開基の上田市矢沢の良泉寺に伝わる矢沢系図によると、矢沢綱頼（頼綱）は、真田右馬佐頼昌の三男とされている。どちらも真田右馬ノスケ（佐も「スケ」）であり、直系の関係とみられる。また確実な史料で真田右馬助と矢沢氏が近い関係にあったことも確認できる。

その他の諸点よりみても、戦国時代には「右馬助（佐・允）」を、当主が何代か襲名していた真田家があり、その家から幸隆が出て大きく発展したのでは、とみられるのである。

いずれにせよ武田氏が信濃を支配していた当時、真田右馬助は幸隆系統の家臣にはなっておらず、小さくとも独立の海野衆の一人として存在していた。それはやはり、右馬助系が真田氏の本家筋であったためとみられる。真田の地も当時は広い意味での海野の内でもあった。

この右馬助の系統は、武田氏滅亡後、いったんは真田昌幸に従い、次いで仙石氏（小諸・上田・出石藩主）に仕えており、伴野と名乗った後で真田姓に戻ってもいた。

真田氏は海野嫡流という主張も、幸隆が右馬助系から分かれて新たに創立した家であったからこそ、それより前の先祖については全く無視することも気軽にできたのではないか。幸隆以前の真田氏歴代の墓所とみられる日向畑遺跡（28頁）は、放置され忘れ去られていた。これも同じ理由によるのだろう。

四阿山山頂の白山社（山家神社奥宮）の社殿扉。永禄5年（1562）の銘とともに幸綱・信綱の名が見える。

山家神社（上田市真田町真田）。神川流域一帯の人々に尊崇されてきた古社。真田氏も手厚く保護した。

御屋敷（上田市真田町本原）。真田氏の居館跡で、規模が大きく、遺構がよく残されている。（上）は館跡に建つ伊勢社。（下）は馬場の土塁。

松尾古城のすぐ下の角間集落入口に安智羅（あんちら）明神がまつられる。本尊の安智羅様は幸隆18歳の時の像という。日向畑遺跡や古い館跡が隣接する。

四阿山山頂の山家神社奥宮の開山祭。今も信仰が生き続ける。（宮島武義氏提供）

真田氏館跡の謎

角間の館と破壊された墓
—日向畑遺跡—

角間渓谷の入口には、真田一族が居を構えたと伝える一帯がある。屋敷推定地は松尾古城の南麓にあり、かつてここに常福院という真田の古い菩提寺があった。境内の一角から多くの宝篋印塔・五輪塔とともに、焼骨等が発見され、幸隆以前の一族の墓とされている。発掘調査の結果、石塔の多くの部材が破損していることが判明し、何者かが墓を壊したのではないかとも考えられた。武田や豊臣配下として名をあげた真田一族の祖先の墓であるならば、こんな粗末な扱いをされるだろうか。

真田幸隆を海野棟綱の血をひく人物とする系図では、幸隆が真田に住んで初めて真田姓を称したとする。一方、一族が幸隆以前から真田に住んでいた可能性も指摘されている。後者によれば、日向畑の墓は幸隆を海野直系の人物としたい何者かによって、表舞台から消し去られたとも考えられるのだが……。

日向畑遺跡の石塔群。

COLUMN

和根崎　剛
（上田市教育委員会）

幸隆父子と屋敷跡の謎
—山家と本原・横尾—

山家の館跡は山家神社や長谷寺の門前にあり、上州から真田に復した幸隆の屋敷とされている。一帯は枡形や水路、空堀などが残り、真田家が大坂に出陣する際に払い下げたという伝承も残る。しかし、館跡から出土した大量の古銭の埋蔵年代から、幸隆以前から一族の屋敷だった可能性がある。幸隆がここから上州に逃げたのだとすれば、屋敷は自ら火をかけるなどして廃絶してしまっただろう。ここが旧領に復した幸隆が最初に居を構えた場所であるならば、屋敷は再建されたと考えるべきだろう。

幸隆が嫡子・信綱のために構築したと伝える本原の真田氏館跡。一般的な館の規模に比べてかなり大きく、謎の多い館跡だ。ここからは土鍋などが少量見つかっただけで、遺物はほとんど出土していない。本原の館跡には他にも敷地内の整地が不十分であることや、城下町・原と離れているといった疑問がある。

また信綱寺の黒門がある尾根に造られた古城の背後には、かつて横尾氏の屋敷があったとされ、幸隆が砥石城を落としたころ、横尾氏が上州へ敗走し、真田がこの一帯を手にしたと考えられている。周辺は城が衝立の役割を果たし、屋敷を造るには絶好の場所だ。

横尾の菩提寺を、昌幸が兄の菩提所としたのが信綱寺のはじめとされる。しかし、なぜこの場所を選んだのかは不明である。真田は、横尾氏によって三つの山城と内小屋、城下町、水田（水路）が整備された魅力ある一帯と、善光寺平へと抜けられる道を手中にしたのだ。

中央の森のところが本原の館跡。遠くに真田山城（本城）が見える。

本原の真田氏館跡（上田市教育委員会提供）

真田氏発祥の地を訪ねる

四阿山に源を発した神川は、急流となって渓谷を下った後、開けた台地に流れ出ます。この傾斜地の上部が真田氏発祥の地。真田氏は急流神川が千曲川にそそぐように、やがて戦国の世の表舞台に姿を現します。

上田菅平ICから国道144号を菅平高原方面へ約2km進み、神川を渡ると上田市真田町。そこから二つ目の信号脇が真田氏記念公園で、真田幸隆公、昌幸公、信繁（幸村）公のレリーフと「真田氏発祥の郷」の碑（作家・池波正太郎の揮毫）が建ちます。

真田氏記念公園

国道を直進、ゆきむら夢工房の前を過ぎてしばらく車を走らせ、「真田」の信号を右折して集落のなかの坂道を上ると山家《やまが》神社《じんじゃ》。このあたりが真田氏発祥の地とされ、東側の山には真田氏の菩提寺・長谷寺《ちょうこくじ》があります。

武田氏の勢力拡大とともに戦功をあげた真田幸隆はやがて南の本原に館を築き、兄ふたりが戦死したことから家督を継いだ三男の昌幸は、さらに南の砥石城ふもとの伊勢山へ。そして上田盆地に進出し、尼が淵の段丘上に上田城を築くことになります。

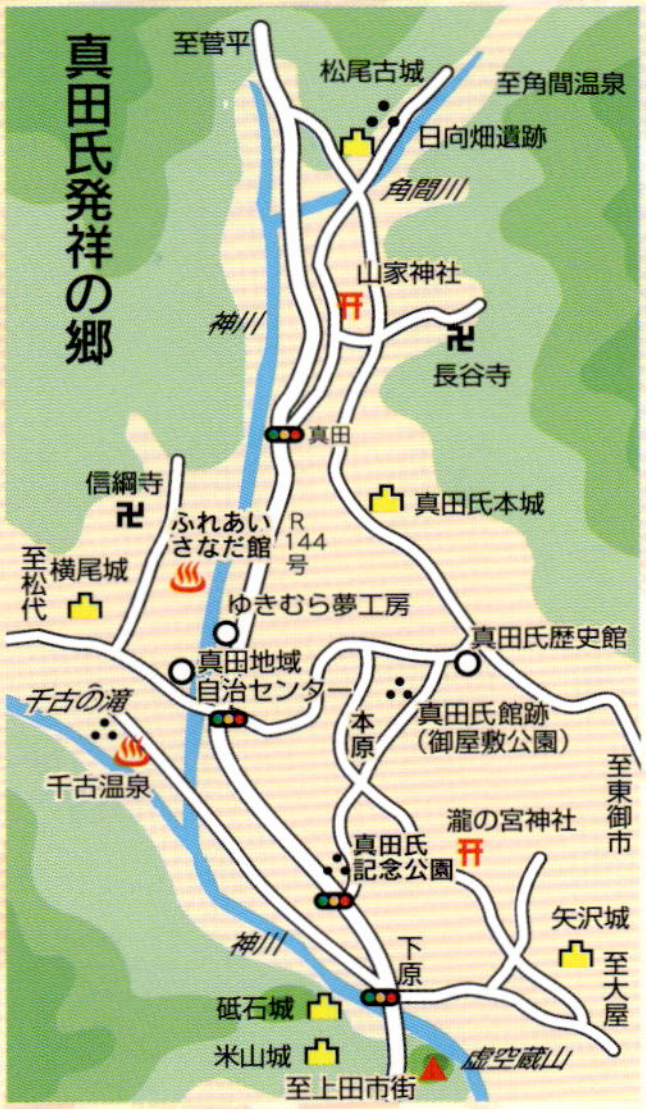

真田は周囲を山に囲まれた山里ですが、上州や松代、善光寺に通じた交通の要衝でもありました。

いにしえに思いをはせて、徒歩で回るもよし、無料の電動アシスト自転車をレンタルするもよし。真田氏発祥の地を巡ってみませんか。

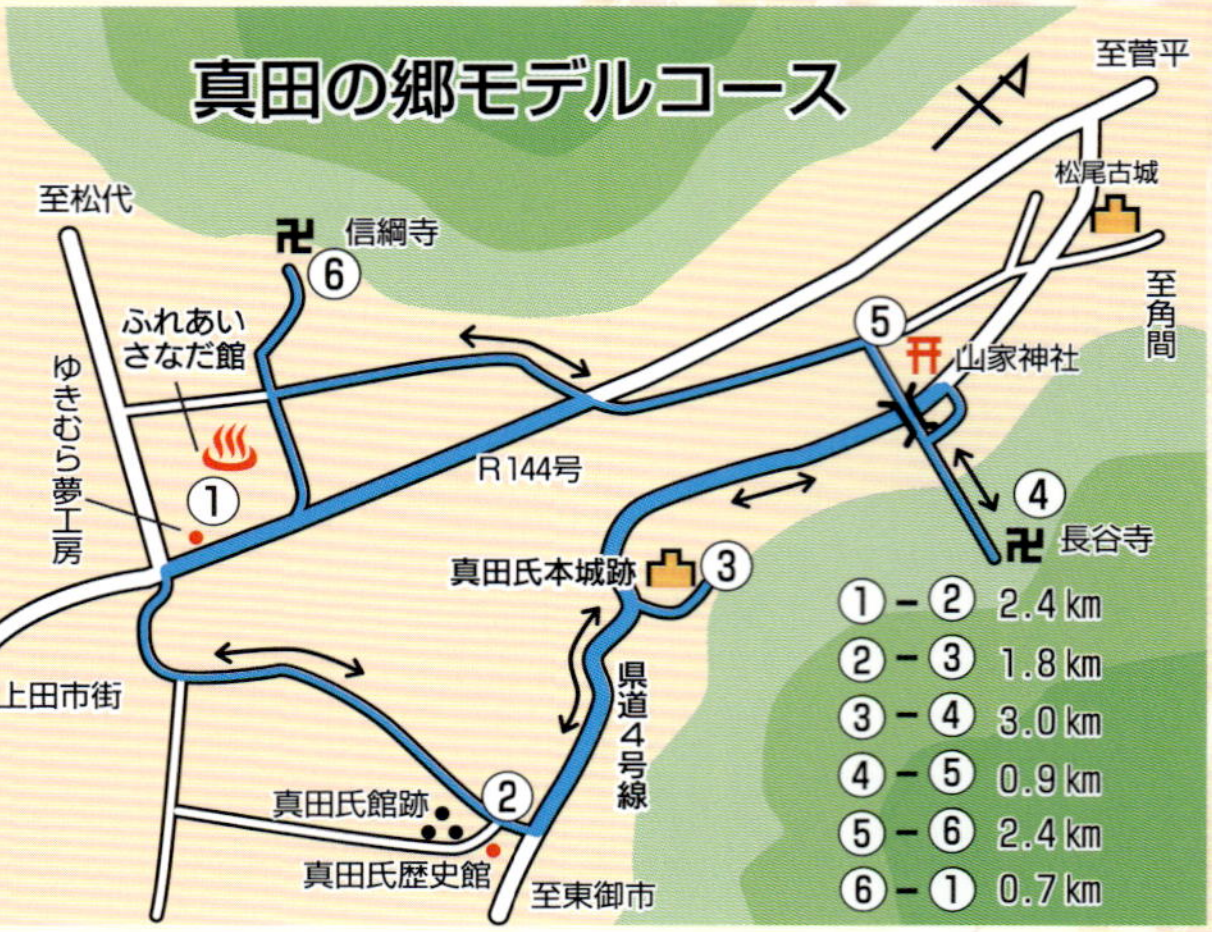

真田の郷モデルコース

区間	距離
①-②	2.4 km
②-③	1.8 km
③-④	3.0 km
④-⑤	0.9 km
⑤-⑥	2.4 km
⑥-①	0.7 km

真田氏記念公園から約4㎞、「真田」の信号を右に入ると長《おさ》の集落。地区の中心部にある山家神社は『延喜式神明帳』に名を連ねる、歴史と格式のある神社です。ここから北東に約10㎞離れた四阿山《あずまやさん》の山頂が奥宮で、真田氏も手厚く保護しました。

山家神社本殿

神社の南側には本丸、二の丸と呼ばれる場所があり、昭和22年の調査では約二千枚の中世の古銭も出土。真田氏が本領を回復して最初に館を構えた場所と推定されます。

長谷寺の石の山門

御屋敷公園のつつじ

神社の東の坂道を上ると長谷寺。幸隆が開基、昌幸が整備をして、真田氏の菩提寺となりました。本堂裏の幸隆夫妻と昌幸の墓所は現在でもお参りする人が絶えず、1円玉や5円玉による「六文銭」が手向けられています。

参道と境内にはシダレザクラが植えられ、ことに石の山門脇のシダレザクラの古木の風情は見事。

神社から集落の坂を上がると道は分岐し、右が角間、左が鳥居峠。道を分ける山の急峻な尾根に松尾古城、麓には日向畑遺跡があり、真田氏との関係が指摘されています。また近

いつも、
あなたのとなりです。
上田信用金庫
http://www.ueda-shinkin.jp/

くの集落には、幸村の姿を表したともされる安智羅明神が伝えられています。

角間渓谷の奇岩は十勇士のひとり猿飛佐助が修行したとされ、角間温泉は真田氏の隠し湯という言い伝えも。燃え立つような紅葉の名所として名高い景勝地です。

県道４号線を南に行くと真田氏本城跡。南に真田の里と上田盆地の眺望が開け、村上義清の出城・砥石城は指呼の間に望めます。

本城の下、南西の台地には本原の居館跡、通称「御屋敷《おやしき》」があります。幸隆時代の建造と考えられ、周囲に土塁を巡らせた造りがほぼ完全な形で残されています。一帯はツツジの名所で、５月中旬から６月上旬には約600株のツツジが咲き競います。

真田氏歴史館

隣接する真田氏歴史館では武具や出土品、一族ゆかりの品々とともに歴史的な背景を紹介。見学後は真田庵で名物のおはぎやそばすいとんで一服。

角間渓谷の奇岩

真田地域自治センター方面に下り、幸隆の長子・信綱を祀った信綱寺《しんこうじ》へ。信綱夫妻と弟の昌輝の墓があり、長篠の戦いで討死した信綱の首を包んだとされる、血染めの陣羽織や鎧も伝わっています。

千古の滝

近くの古城緑地広場や、十勇士のひとり霧隠才蔵が術を磨いたとされる千古の滝、幸隆が攻略した砥石城なども訪れたいところです。

ゆきむら夢工房 真田ふるさと体験村

▶ゆきむら夢工房
営業時間／8:30～17:15
休館日／年末年始

真田の郷観光の中心施設、ゆきむら夢工房。そば打ちやおやき作りなどの体験もできるほか、観光で一帯をまわる人向けに電動アシスト自転車の無料レンタルもあります（台数に限りあり）。

隣の「農家のお店新鮮市」には、近くの農家から届く採り立ての野菜が並びます。

信綱寺・古城緑地広場

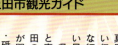

上田城跡公園北隣で
お抹茶との美味しいお付き合い。
気軽に楽しむ一服のお茶
百余亭《ひゃくよてい》
ゆとりの茶室
香庵《こうあん》
営 午前十一時～午後四時半
休 毎週水曜日（祝日は除く）
電話･FAX 0268-21-6060
上田市中央西1-3-21
◎駐車場数台有 P
http://www.hyakuyotei.com

あらゆる分野から繊維の可能性を追究し、世界の夢を紡ぎ、未来を拓く

登録有形文化財
信州大学繊維学部講堂

わが国唯一の繊維の最高学府
信州大学繊維学部

信州大学繊維学部旧本館

一般社団法人 千曲会

—SINCE 1915—

千曲会とは—

上田蠶糸専門学校、上田繊維専門学校、信州大学繊維学部、信州大学大学院繊維学研究科および工学系研究科の卒業者並びに修了者を主な会員とし、設立100年を超える伝統ある同窓会組織です。

旧千曲会館

旧千曲会館 改修・保存活動について

旧千曲会館は明治～昭和初期において日本の繊維産業を支える人材の集いの場として存在した歴史的建造物です。築80年を超える建屋の建築様式やデザインは、隣接する繊維学部講堂と合わせ、蚕都上田の活躍を記す文化遺産として注目されています。本会は老朽化が進む旧千曲会館を改修・保存し、皆様への活用を提案しています。

- **蚕都上田の文化財としてPR**
- **繊維学の資料館として大学や千曲会所蔵の資料を展示し、日本の国立大学の中で唯一である繊維学部を紹介**
- **お客様への接待などミニ迎賓館として利用できる施設**
- **映画などのロケ現場として、繊維学部講堂などの歴史景観施設と合わせ、信州上田フィルムコミッションと連携**

改修・保存活動へのご理解・ご支援をよろしくお願いします。

—詳しくはホームページをご覧ください—

http://chikumakai.org/　繊維 千曲会　検索

一般社団法人 千曲会

〒386-0018長野県上田市常田3丁目8-37
TEL 0268-22-4465

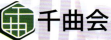

風林火山の時代

真田幸隆が台頭し活躍するのは、武田信玄が信濃に攻め入って全域を制圧する時期。いわば信玄の「風林火山」の時代と重なる。

そして幸隆は、信玄の領国拡大の戦いに従いつつ、自己の勢力を着々と築いていく。

上田原の戦い

武田信玄画像（大阪城天守閣蔵）

武田信玄は信濃攻略の歩を着々と進めていた。諏訪や上伊那から佐久地方を押さえ、いよいよ小県をねらう。小県には、坂城に本拠を置く村上義清の勢力が伸張し、信玄の侵入に大きく立ちはだかった。

村上氏は天文十年（一五四一）の海野平の合戦以後、小県の有力武将も配下として、塩田城（代官は福沢氏）や砥石城を拠点に活動していた。その小県の奥深くへ、信玄は攻撃を仕掛けたのである。

天文十七年二月、信玄は雪の大門峠を越えて出兵。当時の文献は少なく、地名や遺跡などから推定すると、戦いは大よそ、次のようだったと推測される。

武田軍は砂原峠から神畑付近に本陣を構える。村上軍は須々貴山（天白山）に本隊の陣をしく。両軍は産川や浦野川の合流点付近で激しい戦闘をくりひろげた。村上方は地理を知りつくしており、また兵力も強かったのであろう、随所で武田軍を破った。

この戦いで武田方は、信玄の右腕ともいうべき板垣信方が討たれ、甘利備前守、才間河内守、初鹿野伝右衛門などの重臣が戦死した。信玄自身も傷を負ってい

上田原合戦の舞台。千曲公園から見下ろす。左手の川が千曲川、国道18号バイパスの橋がかかる。川の奥（上流）が海野宿から佐久方面。右手の山が小牧山、尾野山城で、中央の平地が激戦地だったという。

る。小山田出羽守の奮戦により、ようやく村上軍を食いとめたという。

村上方も、屋代源吾、雨宮刑部、小島権兵衛らの武将が戦死したと言い、相当の痛手をこうむった。これらの武将の墓が、戦場の各地に残されている。

武田軍の攻撃は明らかに失敗した。それでも信玄は、しばらくの間戦陣にとどまる。生母大井夫人から帰陣するようにとの使いをうけて、ようやく兵を引いたのであった。

戦いは村上義清の勝利に終わった。信濃の一武将が、昇る勢いの武田軍を打ち破ったのである。信玄にとって、珍しい敗戦であった。甲斐の記録にも「二国の嘆き限りなし」と記されている（「妙法寺記」）。

しかし別の見方をすれば、村上方は地元の戦闘であり、領地を守る戦いであった。義清は勝利の報酬として配下に与えるべき、新しい領土を獲得したわけではない。そして佐久地方への進出に力を注ぐことになる。

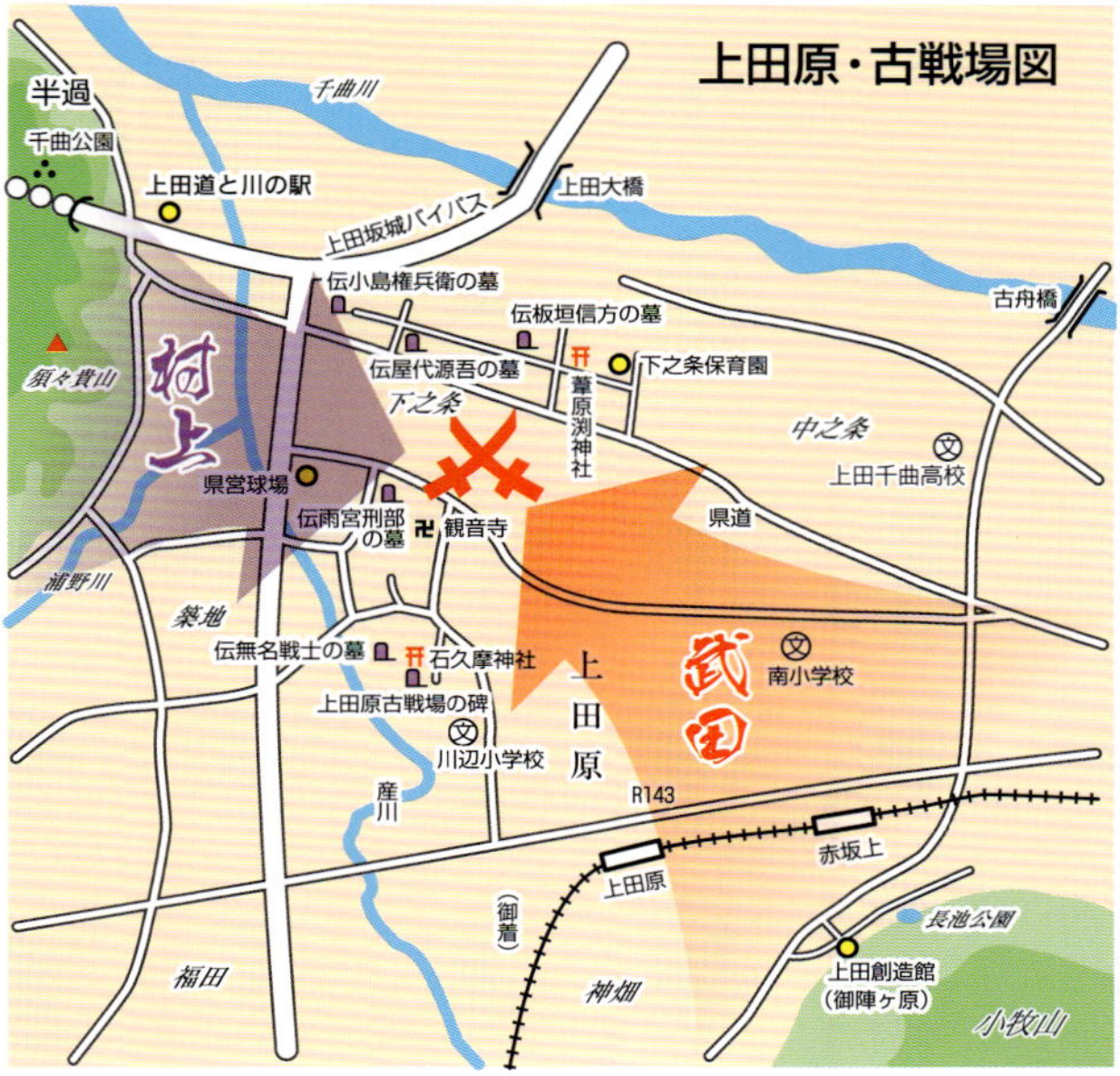

上田原合戦関係地名図。現在に残る地名から、戦陣のようすがさまざまに推測される。

伝板垣信方の墓（右）と伝屋代源吾の墓（下）。こうした武田方と村上方双方の墓と伝える五輪塔が各地に点在し、戦闘の激しさを伝える。両軍とも大きな痛手を受けた戦いであった。

信玄の砥石《といし》崩れ

砥石城、東側から見る。中央の平たい尾根が枡形城と本城、その左の続きに米山城の頭が見える。神川（手前）の崖に面した堅城であった。

上田原の戦いで信玄が敗れると、信濃の有力武将は一斉に攻撃に出た。諏訪地方の一部の武士の反乱に乗じて、府中（松本）の小笠原長時も動く。

信玄はすぐさま反撃を開始。天文十七年から十八年にかけて、府中に攻め入り、佐久地方でも勢力を回復する。その中で真田幸隆が信玄の使者として登場してくる。

天文十九年八月、信玄は長窪から砥石城《といしじょう》攻めに向かった。砥石城は小県における村上義清の重要拠点。東太郎山から伸びる尾根の先に築かれた、堅固な山城である。

信玄は城の南側の台地、陣馬山に本陣を置き、台地状の尾根から攻撃したのではないかと推定される。九月に入って総攻撃が行われ、二十日間も激しい戦闘が続いた。村上軍は激しく抵抗し、城はなかなか落ちない。

真田幸隆はこの戦いで、北信濃の武将たちの切り崩し工作を担当していたらしい。九月下旬に、それまで村上氏と対立していた高梨氏（中野市）が和睦し、武田方を攻め立てる事態となったため、幸隆は急遽北信濃へ向かった。

幸隆の帰陣を受けて九月三十日軍議が開かれ、武田軍は退陣することとなった。砥石攻めを断念したのである。十月一日に退却を開始したが、これを見た村上軍が城を出て襲いかかる。殿《しんがり》は苦戦を強いられ、多数の死者を出した。

信玄はまたしても村上義清に敗れた。横田備中守など千人もが討死にしたといわれ、大敗北を喫したのであった。この戦いは後に「砥石崩れ」と称され、信玄の数少ない敗戦の一つに数えられている。

無敵の信玄を二度敗退させた　村上義清

葛尾城《かつらお》（坂城町）を本拠とした村上義清は、無敵を誇った武田信玄（晴信）を二度も敗退させた、信濃を代表する戦国の勇将として名高い。

　村上氏は鎌倉期からの名門で、北信に勢力を築いた。天文十年（一五四一）には甲斐の武田信虎、諏訪の諏訪頼重と組んで、海野氏を破った。義清の名を高めたのは、天文十七年の上田原の戦いである。攻め込んできた若き信玄に対し村上軍は勇猛に戦い、武田軍は大きな痛手を受けて撤退する。

　天文十九年に信玄は砥石城を攻めた。難攻不落の堅い砥石城は容易に落ちず、長期間のにらみあいの後、武田軍は撤退。これを村上軍が追撃し、大きな損害を与えた。信玄はまたしても義清に敗退したのだった。

　村上義清は戦闘には強かった。しかし、戦略あるいは調略には弱かったらしい。翌二十年には、信玄の信濃先方衆《せんぽう》の真田幸隆に砥石城を乗っ取られてしまう。そして天文二十二年にはついに、葛尾城も陥落した。配下の武将たちが次々と武田に切り崩されたからでもあった。

　葛尾を追われた義清は、越後の上杉謙信（長尾景虎）を頼る。こうして信玄対謙信の川中島合戦が始まった。甲越両軍の死闘が演じられるきっかけを、義清が作ったことになる。

　謙信の配下となった義清は、上杉家の中で重用されるが、ついに旧領を回復することはなかった。義清は、無敵信玄を破った武将として江戸時代に有名になり、錦絵などに登場することもあった。しかし、義清の確かな文書はごく少ない。これは作戦の指令や政治について、ほとんど口達のみですませていたためとみられる。

　本拠地だった坂城町には、村上氏の遺跡が数多く残されている。地元では義清の武勇や功績をたたえる記念碑などが建てられ、今も敬慕する人が多い。

葛尾城本郭（坂城町）。けわしい尾根の頂上にある。

そばはすべて
青木村産のタチアカネを
石臼で自家製粉した
十割そばです
※化学調味料は一切使用しておりません

十割手打そば処
福田

〒三八六-二二〇一
長野県上田市真田町長四二九七-一
☎0268-72-4422
営業時間／午前11時～午後2時45分
定休日／毎週木・金曜日

http://www.soba-fukuda.com/

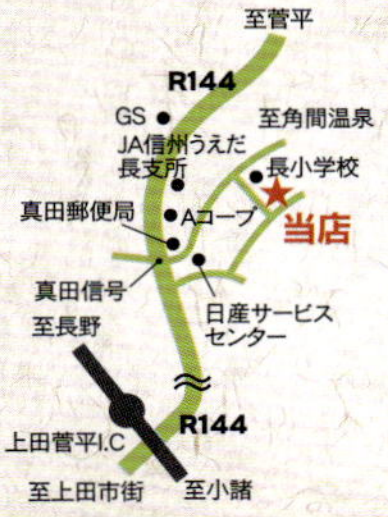

幸隆、砥石城を乗っ取る

砥石攻めに失敗した信玄は、しかし翌天文二十年、府中（松本市）を攻略し、この地方に基盤を築いていった。村上義清と小笠原長時は連合して府中の深志城の奪回をはかったが、信玄の反撃にあって兵を引いた。武田勢は安曇・筑摩方面で勢力を広げる。

同じ年の五月、真田幸隆は突然のごとく、砥石城を奪ってしまう。記録では、「砥石ノ城真田乗取《のっとる》」（「高白斎記」）と簡単なものしか残っていないので、どのように幸隆が乗っ取ったのかはわからない。

おそらく、地元の地理に明るく人脈もあった幸隆が、城兵の少ない時をねらって一気に攻め取ったものであろう。あるいは得意の調略（工作）によって、内部から切り崩していたのかもしれない。

砥石城を奪ったことにより、幸隆は本領である真田地方をほぼ手中にしたと見

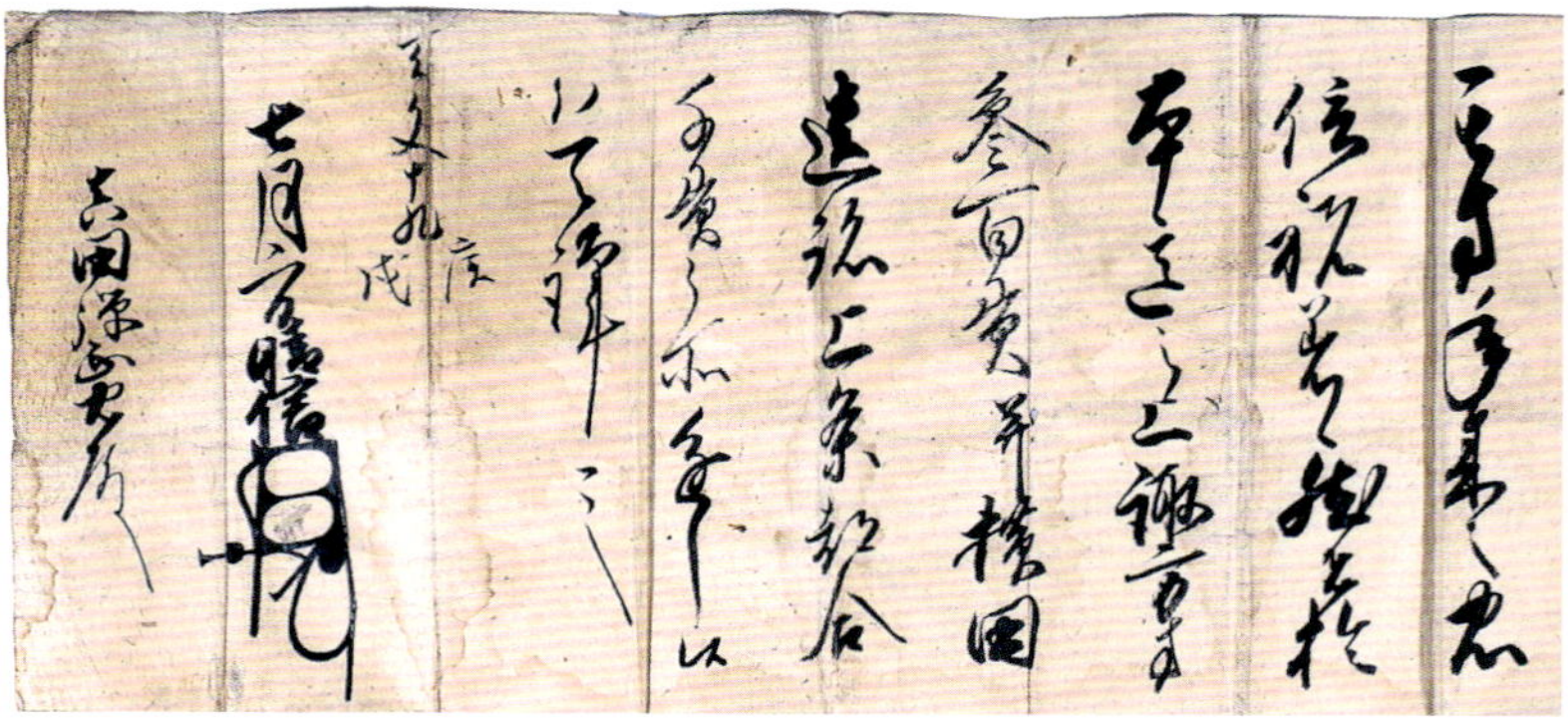

真田幸隆（弾正忠）あて信玄（晴信）宛行状。戦いに勝ったなら諏方方（諏訪形）などで千貫の土地を与えると約束している。（真田宝物館蔵）

砥石城下の神川。高い急な崖が続いており、東側から大軍で攻撃するのは不可能だったと考えられる。

てよいであろう。長い遍歴の末に、ようやく故郷に帰ることができたのであった。

これより先信玄は、砥石城攻めの前の天文十九年七月に幸隆あてに、「本意の上は（砥石攻めが成功したら）、小県の諏訪形三百貫文と横田遺跡上条の地と合わせて千貫文の土地を与える」という宛行《あてがい》状を出している（真田文書）。一種の約束手形のようなものだが、これにより幸隆は上田盆地の中央にも領地を持つことになる。

砥石城は、桝形城・本城・米山《こめやま》城などから成るスケールの大きい山城である。村上氏の時代には北方の神川沿いの道、あるいは太郎山からの尾根道が重視されたと思われる。真田氏はふもとの伊勢山に小さな城下町を作ったようで、真田地方と上田盆地を見下ろす本拠地としたと思われる。時代により城の役割は変化し、また構造にも変遷があったことであろう。

砥石城は枡形・本城・砥石城・米山城から構成される複雑な造り。村上氏の時期と真田氏の時代とで変化があったとされる。

砥石城を南側から見る。右が砥石城、左が米山城。天文19年（1550）に信玄が村上義清を攻めた時は、こちら側から攻めたという。近辺には屋降とか鞍掛の松などの地名が残る。
米山城は以前から小学生の遠足や市民登山で親しまれてきた。今も地中から焼米が出るといわれ、白米城伝説も伝わる。

川中島の戦いで奮闘

天文二十二年（一五五三）に入ると、信玄は安曇・筑摩方面をほぼ掌握し、小笠原・村上勢を追って西から川中島平（長野盆地）へ侵攻していった。真田幸隆は信玄の作戦に従いつつ、主に北信濃の武将への工作を進めた。

更級・埴科の諸将が信玄になびく中で、村上義清の葛尾城は孤立し、四月九日に自落。義清は高井郡の高梨氏のもとに走り、高梨氏を通じて越後の長尾景虎（上杉謙信）に救援を求める。謙信は急ぎ兵を送り、義清は葛尾城をいったんは奪回した。しかしこの城の重要性は既になくなっていた。

八月、信玄は村上方の最後の拠点である塩田城を攻撃して占領する。義清は謙信を頼って越後に逃れ、謙信は大軍をひきいて川中島に出兵した。八月から九月にかけて、信玄と謙信は川中島平の南部で衝突。ここに両雄の数度にわたる「川中島の戦い」が始まった。

この時謙信は一時的に川中島地方を制圧、筑摩郡北部も荒らしまわる。しかし信玄の反撃も厳しく、九月下旬には越後勢は引き上げた。一連の戦いで村上義清は没落し、東信濃全域が信玄の領土となった。

幸隆には恩賞として秋和の地三百五十貫が与えられた。後に昌幸が築いた上田城に隣接する地でもある。

信玄と謙信の対立抗争は続き、「川中島の戦い」は五度におよんだという。第二回は弘治元年（一五五五）、更級郡大塚で、第三回は弘治三年（一五五七）水内郡上野原で闘った。このころに武田軍の拠点として海津（松代）城が築かれる。すぐ近くの尼厳《あまかざり》城に幸隆は在城していたが、海津城の建設にも携わっていたと思われ

幸隆使用とされる陣鐘と法螺貝。ともに信玄から拝領したものという。陣鐘には弘治3年（1557）の銘がある。（真田宝物館蔵）

川中島合戦の信玄・謙信の一騎打ちの像。これの建つ八幡原（長野市）は人気観光スポット。

る。

そして最も激しかったのが永禄四年（一五六一）の八幡《はちまん》原《ばら》を中心とした合戦である。両雄が直接対決したという伝承が残るほどの激戦になり、双方とも数千人の死傷者が出たとされる。この戦いに真田幸隆も加わっており、勇猛な働きをしたという（『甲陽軍鑑』）。

この戦いで両者は雌雄を決することはできなかった。しかし信玄はこの後も着々と勢力を広げ、北信濃の大部分を領地化していく。永禄七年に謙信は更級郡塩崎まで兵を進めたが、この時は甲越両軍は、ほとんど合戦することなく終わった（第五回）。

塩田城跡（上田市）。戦国期に村上氏が進出。のち信玄は信濃経略の拠点とした。

千曲川から見た葛尾城跡（坂城町）。村上義清の本拠地で、尾根筋に築かれた堅固な山城だった。天文22年（1553）信玄に攻められ自落した。

上州の経略に活躍

婚姻関係で結ばれた天文二十三年（一五五四）以来の、武田・北条・今川三氏の甲相駿三国同盟は強固であった。一方、越後の謙信は、力の衰えた関東管領・上杉氏から管領職を譲られ、それを口実に永禄三年（一五六〇）から毎年のように関東へ侵攻した。これに苦しんだ北条氏の要請をうけた形で、信玄は川中島八幡原の激戦直後の永禄四年十一月から上州へ踏み込んでいく。甲越両将の主戦場は関東へ移ったのであった。以後信玄は連年のように北条勢とともに、上杉軍と上野や武蔵で対戦し、永禄九年には上野箕輪城を攻略、西上野の支配を確立する。

幸隆も武田軍の尖兵となって西上州、それも特に吾妻郡で活躍した。吾妻には古くから東信濃の名門滋野氏の流れをくむ武士が広がっていた。幸隆は滅んだ海野宗家に近い立場を利用したのであろう、しだいに影響力を強めていった。

武田勢は吾妻の最有力の武将斎藤氏の本拠岩下城を永禄七年（一五六四）初めには陥落させた。岩櫃《いわびつ》城もその直後には奪取したとみられるが、以後、岩櫃城が武田氏の吾妻郡支配の拠点となる。そして、その城代に幸隆が任ぜられ、上杉勢に対する最前線基地にあって奮闘することになった。

永禄八年、織田信長の申し入れをうけ、信玄は信長と同盟を結ぶ。しかし、これが甲相駿三国同盟破綻のきっかけとなった。織田は今川氏真にとっては親の仇であり、氏真の妹を妻としていた長男義信と父信玄との関係も急速に悪化する。ついには謀反を企てた張本人として義信派の重臣飯富虎昌が成敗され、やがて義信も自害に追いこまれる。しかも、今川氏真は永禄十年の前半には越後の謙信と同盟交渉を始めていたらしい。また、この年八月には、謙信との川中島での対決が予想されたらしく、武田領国内の軍勢に

岩櫃城の図（真田宝物館蔵）。この城は近隣に聞こえたけわしい堅固な構えだった。

古社・生島足島神社（上田市）。起請文などを多数所蔵、写真展示をしている。

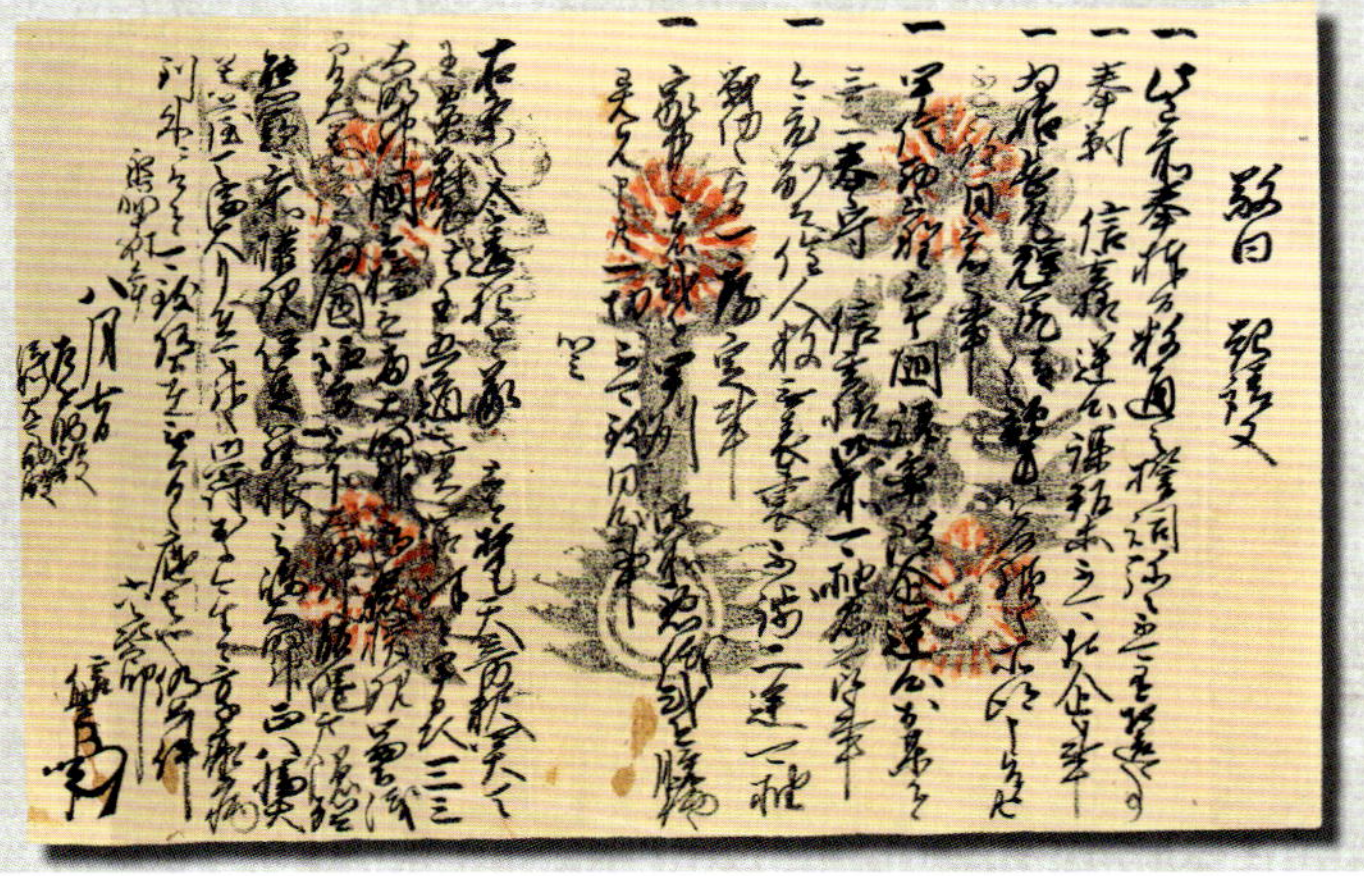

信玄武将の起請文（上と左）熊野神社で発行する牛王宝印の押された特殊な紙を裏返して書かれている。（上）は小泉重永・宗貞二名のもの、小泉氏は地元小県の武将。（左）は武田信豊起請文、紙の朱宝珠印があざやかだ。信豊は信玄の甥だが、こんな近親者からも差し出させた。署名・花押に大きく血判がおされ、中央にも左右対称にはっきり残る。

大動員がかけられた様子でもある。

このような内外ともに危機的な状況の中で信玄は、岡城（上田市岡）辺に集結させた家臣団より八月七日・八日に多数の起請文《きしょうもん》を出させ、自分への忠誠を改めて誓わせたということらしい。それが生島足島神社に伝わっているのである。

起請文とは誓詞《せいし》とも呼び、神仏に誓って約束ごとを記したもの。多くは熊野神社で出す牛王宝印《ごおうほういん》という特殊な紙が用いられ、血判がおされるなど、誓いの重さを強調している。

生島足島神社の起請文は、信玄にそむかない、謙信に通じない、などと記される。動員したほぼ全員から出させたからだろう、信玄の甥の信豊や、重臣の小山田信茂、原昌胤などのものもある。

信濃の将士からも数多く提出されていて、その内小県郡では浦野・室賀・小泉・祢津氏などが見られる。真田幸隆はこのときは吾妻にいたからだろう、起請文は出していない。

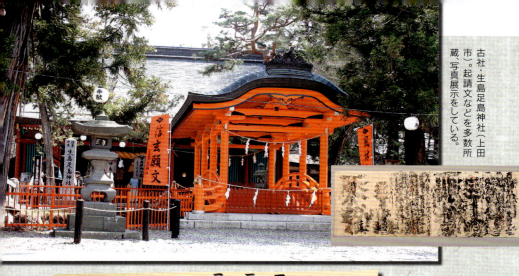

武田氏、領土拡大から滅亡へ

信玄は永禄十一年（一五六八）から、南方への進攻を開始した。駿河・遠江・三河へくりかえし侵入し、しだいに領土を拡大する。元亀三年（一五七二）には大軍をひきいて遠江へ攻め入り、三方ヶ原で徳川軍に大勝。戦国一と称された武田軍団の強さを見せつけたのであった。

しかしその直後、信玄は病に倒れ、翌天正元年、甲府への帰還の途中、信州伊那郡で死去した。

一年後の天正二年（一五七四）、真田幸隆も病没した。六二歳であった。

その数年前に幸隆は隠居し、長男信綱が真田家の当主になっていた。信綱は父と同じく武田勢の最前線基地岩櫃城を守って、上杉勢と対峙していた。

武田家を継いだ勝頼もまた勇猛な武将で、信玄亡き後に失った三河・遠江の諸城を奪い返すなど、領地の拡大をはかる。

天正三年には大軍をひきいて攻め入り、長篠で徳川・織田連合軍と対決した。

この戦いでは連合軍の綿密な作戦と、新兵器鉄砲隊の前に武田軍は大敗。武田氏の有力な家臣たちも次々と戦死した。そして家督を継いだばかりの真田信綱と弟の昌輝も戦死してしまう。

真田家は三男昌幸が跡を継ぐ。昌幸は主に上州にあって、沼田城を攻略するなどの手柄を立てるが、武田氏は少しずつ衰え始めていた。

天正十年（一五八二）に、中央で圧倒的な勢力を築いた織田信長が、大軍を送って信濃に攻め込んだ。呼応した徳川家康も甲州へ進軍。一ヵ月ほどの戦いで勝頼は自刃し、武田家は滅びた。戦国最強を誇った武田軍も、もろくも崩れ果てたのであった。

長篠合戦図屏風（大阪城天守閣蔵）

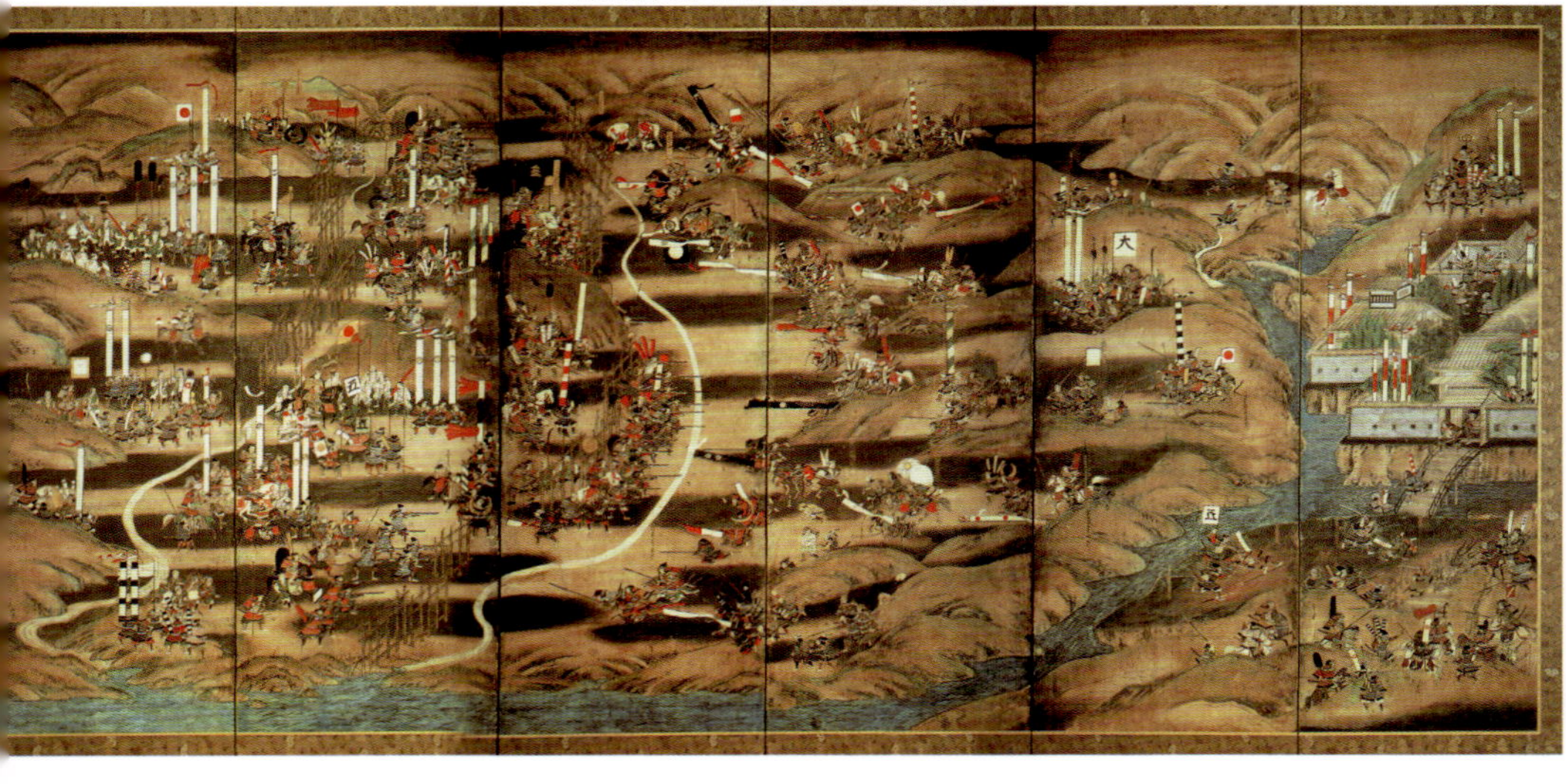

龍丸印の意味は

生島足島神社には信玄配下の将士が信玄に忠誠を誓った誓詞―起請文《きしょうもん》―が83通伝えられている。そして、それとは別に「誓詞人数覚」巻物形式の文書が他所に残されている。これは、神社に起請文を納めた武田家臣・将士ら約二三〇余名の名簿一覧表で、散逸《さんいつ》したとみられる起請文も記されていて注目される文書である。巻末は少し切れているが、折り合わせて武田氏の大きな龍丸の朱印が捺されている。

起請文それぞれに、単独または連名で、中には血判までさせて誓詞を提出させせれば、所期の目的は果たせるのに、龍丸朱印を捺した名簿一覧表まで作成した意図はなんであったのか。そこに〝誓詞〟を証拠として残し、家臣・将士の結束の強化とその持続性に配意した信玄の慎重なうえにも慎重な、しかも巧妙な意思がうかがえる。

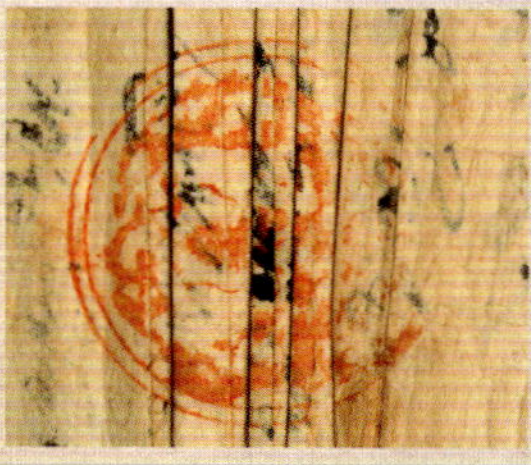

嫡子義信派の謀反による家臣団・将士等の動揺・分裂の回避はもちろんのこと、この機に、上杉氏との接触地域の先方衆を甲州における寄親《よりおや》・寄子制を模した形で結束させ、その地域の支配力をより強固にしようという信玄の意思が起請文に秘められていることが、この「誓詞人数覚」からも知ることができる。

ところで、ほとんどの起請文には「前にも誓詞を捧げ奉った」ということが記されているが、その前とは何時のときなのか。どこへ捧げたのか。さらには、永禄の九～十年にわたる起請文の提出月がいずれも、八月になっているのは偶然の一致なのか。甲斐の史書にも、この下之郷明神（生島足島神社）への誓詞奉納についての記録・記述がないことをどう考えたらよいのか等々、神社蔵起請文は、私たちにいろいろと問いかけてくるように思えてならない。

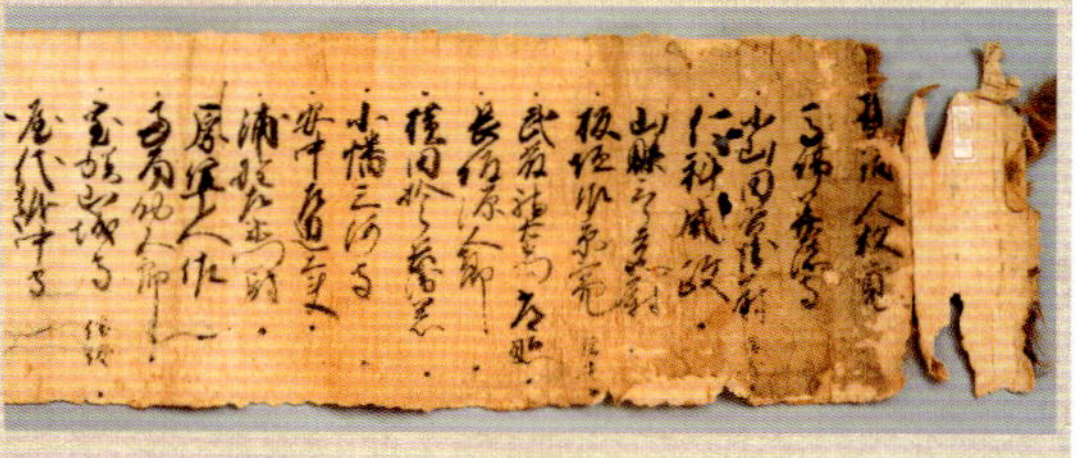

誓詞人数覚の冒頭部分（下）と裏面の龍丸印（右）。龍丸印は信玄と勝頼の時代のもの。

COLUMN　石川好一（東信史学会会員）

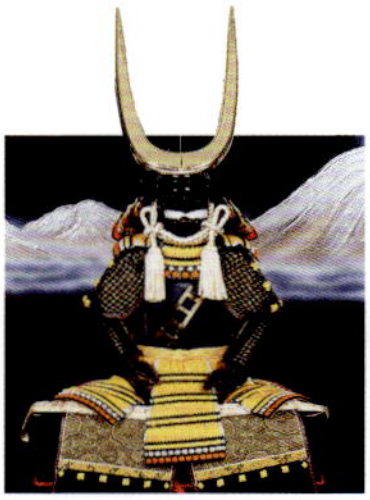
昌幸公 胴丸鎧

幸村公 鹿角大鎧

一般社団法人日本人形協会会員／全日本人形専門店チェーン理事
ほんものの人形専門店
上田・長野
松葉彌《まつばや》
人形会館松葉彌総本店
0120-253355
☎0268-25-3355(代) FAX.0268-24-6280
長野県上田市中央3-6-3(原町) 営業時間／午前10時～午後7時
Eメール matubaya@sekku-world.com
ホームページ http://www.sekku-world.com/

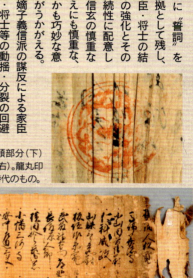

自然の風味で健康いきいき。
グリーンマーク®
Since1975

安心にまっすぐ。

信州ハムのグリーンマークシリーズは
発色剤・着色料・保存料・リン酸塩を使用しないでつくられたハム・ソーセージです

信州ハム

本社・工場／上田市下塩尻950 TEL.0268-26-8686 FAX.0268-26-8611 http://www.shinshuham.co.jp/
お客様相談室 0120-44-4186（平日8:30〜17:20）

ドイツマイスターの味をそのままに。

知る

本場ドイツの製法で作り上げられた“本物”の味をご家庭でお楽しみください。

体験する

事前予約制

マイスター監修によるウィンナーづくりをお子様やお友達とお楽しみください。

★作ったソーセージはお土産にどうぞ。

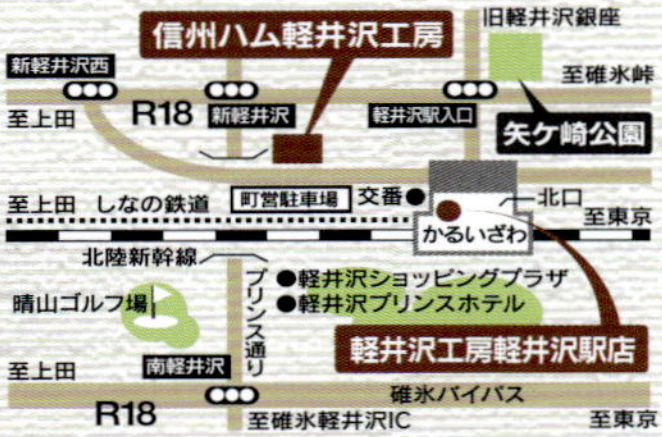

信州ハム軽井沢工房

北佐久郡軽井沢町軽井沢東236
営業時間／10:00〜18:00（季節変動あり）年中無休

TEL.0267-41-1186

軽井沢駅北口より400m（徒歩4分）／専用駐車場有（工房前には町営駐車場もございます。※1時間無料）

軽井沢工房MIDORI長野店　営業時間／9:00〜20:00 JR長野駅ビルMIDORI長野2階

軽井沢工房 www.facebook.com/karuizawakobo

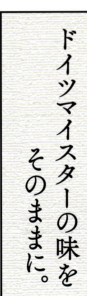

自立する昌幸

真田家を継いだ昌幸は、上州で領地の拡大につとめる。武田氏滅亡の後は、大勢力の間で巧みに立ちまわり、上田城を築き、小県を統一した。昌幸は上田城と沼田城を拠点に、豊臣大名としての地位を確立する。

真田昌幸略年譜

天文16年（1547） 幸隆の三男として出生。

天文22年（1553） この年証人（人質）として信玄の下に送られ、信玄の小姓となる。

天正3年（1575） 長篠の戦いで兄の信綱と昌輝が戦死し、昌幸が本姓に戻り真田家を継ぐ。

天正8年（1580） 上州沼田城攻略。

天正10年（1582） 武田滅亡に続く織田信長の横死後、まず上杉に次いで北条に付いた後、徳川家康に属す。

天正11年（1583） 千曲川尼ヶ淵崖上への上田築城開始。昌幸、家康の北条氏への沼田城明け渡し命令を拒否し家康から離れる。

天正12年（1584） 家康に真田昌幸暗殺を命じられた室賀正武を、昌幸が謀殺。

天正13年（1585） 真田氏の上田城を徳川軍が大挙して攻撃するも、真田父子、これを撃退（第一次上田合戦）。

天正17年（1589） 秀吉裁決で沼田城は北条氏に。真田に残された名胡桃城が北条方に奪われる。

天正18年（1590） 秀吉、北条氏を討伐。沼田城は真田に復す。

慶長5年（1600） 昌幸・幸村（信繁）は反徳川（石田）方・西軍に、信幸は徳川方・東軍に属す（犬伏の別れ）。昌幸らは徳川秀忠の大軍を上田城に迎え討ち釘づけにする（第二次上田合戦）。関ヶ原の戦いで西軍が敗れ、高野山に配流となる。

慶長16年（1611） 九度山で昌幸病没、65歳。

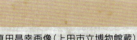

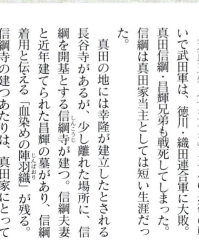

三男の昌幸が継ぐ

真田昌幸画像（上田市立博物館蔵）

長谷寺の石の門（上田市真田町）。真田家の菩提寺として大切にされた。幸隆夫妻・昌幸の墓がある。真田氏が松代へ移って長国寺が建立されると、その末寺となった。

天正三年（一五七五）五月の長篠の戦いで武田軍は、徳川・織田連合軍に大敗。真田信綱・昌輝兄弟も戦死してしまった。信綱は真田家当主としては短い生涯だった。

　真田の地には幸隆が建立したとされる長谷寺があるが、少し離れた場所に、信綱を開基とする信綱寺《しんこうじ》が建つ。信綱夫妻と近年建てられた昌輝の墓があり、信綱着用と伝える「血染めの陣羽織《じんばおり》」が残る。信綱寺の建つあたりは、真田家にとって

信綱開基の信綱寺（上田市真田町横尾）、（下）は山門。一帯は真田氏の重要な故地だったともいわれている。

長篠の戦いで戦死した信綱夫妻と昌輝の墓。寺の裏の小高い地にまつられている。ただし、右の昌輝の墓は近年の建立。

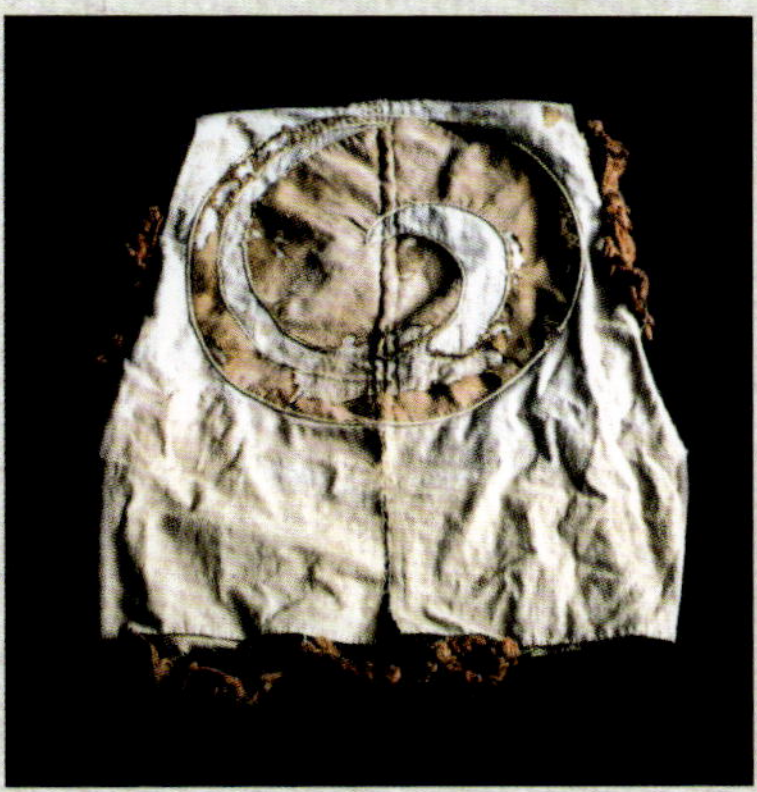

血染めの陣羽織（信綱寺蔵）。信綱着用のものと伝え、戦死した信綱の首級を包んでここまで運んできたという。（上田市教育委員会提供）

一つの聖地だったのかもしれない。

真田家は、幸隆の三男・昌幸が継ぐ。昌幸は天文二十二年（一五五三）に幸隆が信玄から、秋和の地三百五十貫文を与えられた折、数え年七歳で人質として甲府へ送られた。その後甲斐の名門である武藤姓を与えられ、信玄直属の家臣として成長する。なお、四男・信尹《のぶただ》（信昌、昌春）も甲府に入り、加津野姓を名のった。

信綱の死後昌幸は、旧姓に復帰し、真田家を相続した。天正三年十月以降、さっそく領主として真田地方の安堵状《あんどじょう》（土地などの権利を保証する書面）を発行している。

昌幸は信玄の小姓・側近として成長し、その才能が高く評価されたという。そんな経緯もあり、幸隆や信綱のような外様の信州先方衆でなく、武田家の譜代衆として重臣扱いとなったらしい。このため、西上州の重要拠点であった白井《しろい》城の城代（責任者）になり、領地経営を任されていたようである。真田家を継いだことにより、昌幸は本領を発揮していく。

上州に領地拡大

沼田城（群馬県沼田市）。北上州の中心で戦略上の重要拠点であった。天正8年（1580）に昌幸が奪取、以後真田氏が領内支配を続ける。

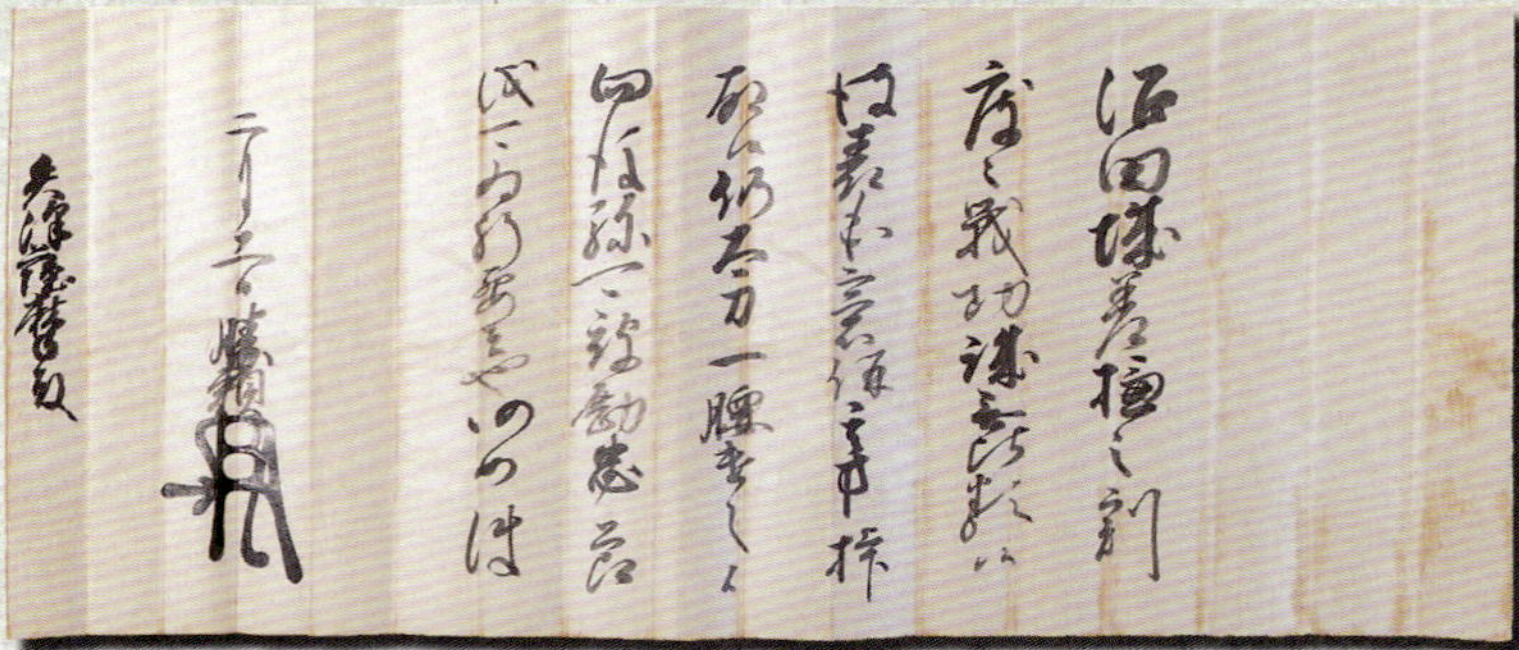

矢沢頼綱宛武田勝頼感状（真田宝物館蔵）。矢沢氏は小県の土豪で、古くから真田氏に臣従した宿将。沼田城攻略に功績を上げ、その後も城将として北条氏に対抗して守り抜いた。

信玄の宿敵であった謙信は、天正六年（一五七八）に病死。上杉家は二人の養子、景勝と景虎の間で相続争いが発生し、争乱になった。武田氏の支援した景勝が勝利して上杉家を継ぐが、この間に景虎を応援していた北条氏は、北上州の中心地沼田城を奪ってしまった。

そこで以前から武田側もねらっていた沼田城を、昌幸が先頭に立って攻撃を開始する。沼田攻めには岩櫃城が拠点になった。

昌幸は上杉の脅威が無くなった北側から攻めていき、小川城や名胡桃城を味方に引き入れた。ついで沼田城の将兵を勧誘して内部から切り崩しをはかる。天正八年（一五八〇）九月ころにはようやく、攻略することができた。

沼田城は奪取したが、しばらくの間昌幸は、周辺の地侍たちを掌握するために奔走する。一方で勝頼が韮崎に新しく築城を始めると、昌幸は普請奉行として活躍。甲斐と沼田を行き来する多忙な時期であった。新しい城＝新府城は天正九年

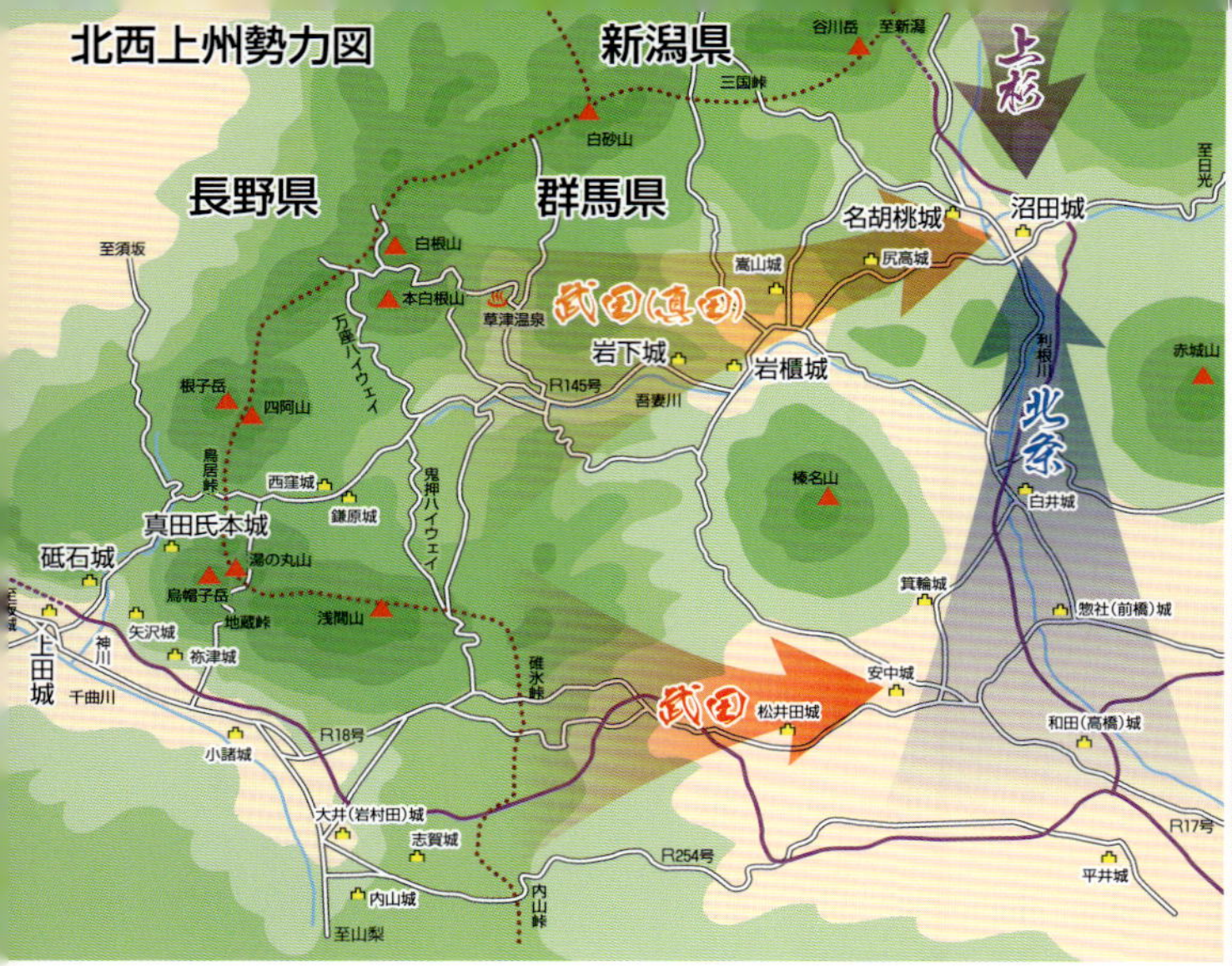

上州の主な城。武田勢の進出によって勢力関係は大きく変わった。

名胡桃城本郭跡に建つ碑。

岩櫃城。沼田城攻略前の真田氏の拠点だった。

沼田城跡の藤の花と鐘楼。

九月に完成。このころから昌幸は、武田家の一武将ながら、上州北部一帯の支配を任され独自の勢力圏を形成していった。

天正十年（一五八二）一月に木曽義昌が織田信長に通じたことが発覚する。勝頼は直ちに出兵し、義昌は信長に来援を要請。信長はすぐ大軍を伊那へ送りこみ、怒涛の進撃を開始した。武田軍は離反者が相つぎ、勝頼は戦わずして新府城に退却、ついに三月十一日、天目山近くの田野で自刃して果てた。ここに甲斐の名門武田家は滅亡する。

武田家滅亡の直前に、昌幸が勝頼の進退を案じて、岩櫃城に案内しようとした、という逸話は有名である。堅固な城に食糧の蓄えも十分なので、そこから再起をはかったらいかがか、というのである（「真武内伝」「古今沼田記」など）。いかにも昌幸らしい話であるが、本当のところはわからない。

大勢力の間で

武田家を滅ぼした織田信長は、重臣滝川一益に上州と佐久・小県を与えた。昌幸も信長への臣従を認められ、一益の居城前橋城に人質も送った。

　ところが直後の天正十年（一五八二）六月、本能寺の変により信長は討ち死にし、天下の情勢は乱れる。信長の後継には羽柴（豊臣）秀吉が名乗りをあげたが、旧武田領は徳川家康・北条氏直・上杉景勝が入り込み、陣取り合戦となった。各地の地元武将は大きく揺れる。中でも信濃の小県郡は三者の勢力が重なり、その帰属をめぐって対立がくり返された。

　昌幸はまずは北条によしみを通じながら上杉に、次いで北条に付いたあと、徳川に従うことになった。これは、早くから家康に従っていた佐久の依田信蕃の勧誘に乗ったからであった。

　徳川と北条の争いは佐久と小県で絶え

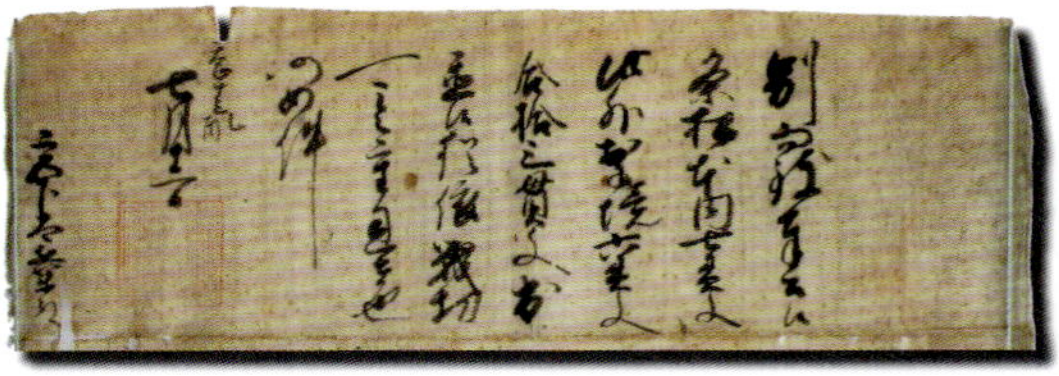

昌幸の自立＝領地支配を示す宛行状。（上）宮下太兵衛あて、天正十三年七月。太兵衛の奉公（忠勤）を賞して松本（東塩田）などで十三貫を与える、と記す。（下）神尾淡路守あて、天正十四年二月。淡路守の忠節を賞し、葦田に七十貫文を宛行うと約束する。神尾氏は遠州の出で、今川・武田に仕えた後真田の家臣となる。（上田市立博物館蔵）

岩尾城（佐久市鳴瀬）本郭の石積み。大井氏の築いた城で、千曲川に面した堅固な構え。信玄の時代に真田幸隆が一時城代をつとめたという。
猛将として知られる芦田（立科町）の依田信蕃は、天正11年に家康の尖兵として、北条氏に属する大井氏を攻めた。昌幸も援護したらしい。激戦のさ中に信蕃は戦死。大井氏は開城して家康側に降った。

四阿山の南尾根にある的岩（まといわ）

ず衝突をくり返した。その間、徳川・北条・上杉は各地の武将に宛行状を乱発し、勧誘工作を行った。昌幸は徳川方として佐久地方で戦う一方、小県郡内でも自己の勢力を広げるため地侍たちと戦う。そして領地内で自らも家臣への安堵状や宛行状を出すなど、独自の支配体制を築いていった。

天正十年の大争乱は、北条と徳川の和睦で終わった。しかし、その講和条件の一つ、真田氏沼田領の北条方への引渡しは、後々までの問題として残った。

徳川・北条・上杉氏による安堵・宛行地の範囲概念図
（『上田小県誌』第一巻歴史篇上（二）から）

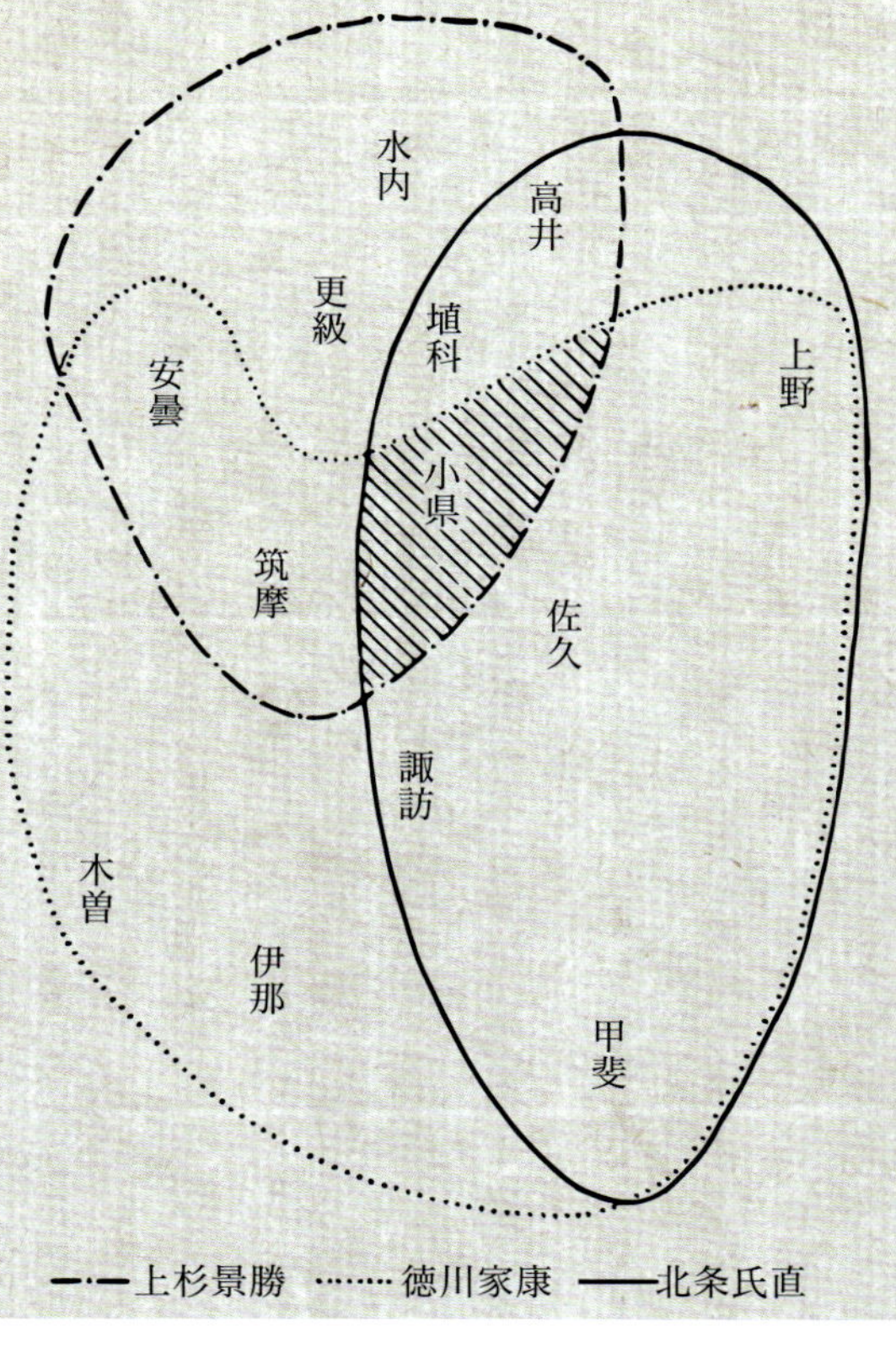

角間川の清流

上田築城

真田氏の居城となった上田城の構築は天正十一年（一五八三）四月に始まっている。これについては従来「真田昌幸が築城」と当たり前のように言われてきた。しかし、近年の研究により、直接には徳川家康の命令で徳川勢により、築城工事が始められたことが明らかになってきた。家康はこの前後、佐久小県の残徒討伐を名目に、昌幸の救援要請に応ずる形で甲府まで出馬していた。その中で、昌幸の進言により、上杉勢力に対する最前線の重要拠点としての上田築城に取りかかったとみてよい。

この上田城の地は上田盆地のほぼ中央に位置しており、小県郡全域を支配するには絶好のポイントでもあった。

昌幸は当時の情勢を、そして家康の力を最大限に利用して実質的な居城普請を始めたということにもなる。領民を酷使してではなく大勢力を巧みに利用しての城普請。これも真田の智謀の一つといえよう。

ところで、「上田城」とは昌幸の命名とみてよいだろう。これが今に続く町（市）名上田のもとともなった。

建設当初の上田城の構造はよくわからない。しかし地形を利用した堀で囲まれ、土塁によって守られる堅固な備えに造られたことであろう。後の時代の何度かの改変によっても、基本的な構造はあまり変わっていないとみられる。

築城と併行して城下町の形成も進められた。昌幸は経済力の充実をはかりつつ、自立した領地経営をめざす。

現在の上田城、復元された櫓門（左）と北櫓。石垣や建物は後世の建築だが、堀などは真田氏時代のものとされる。

崖の上に建つ西櫓。真田氏の時代は千曲川の流れが崖の下を洗っていた。淵をなしていたともいい、自然を利用した要害であった。

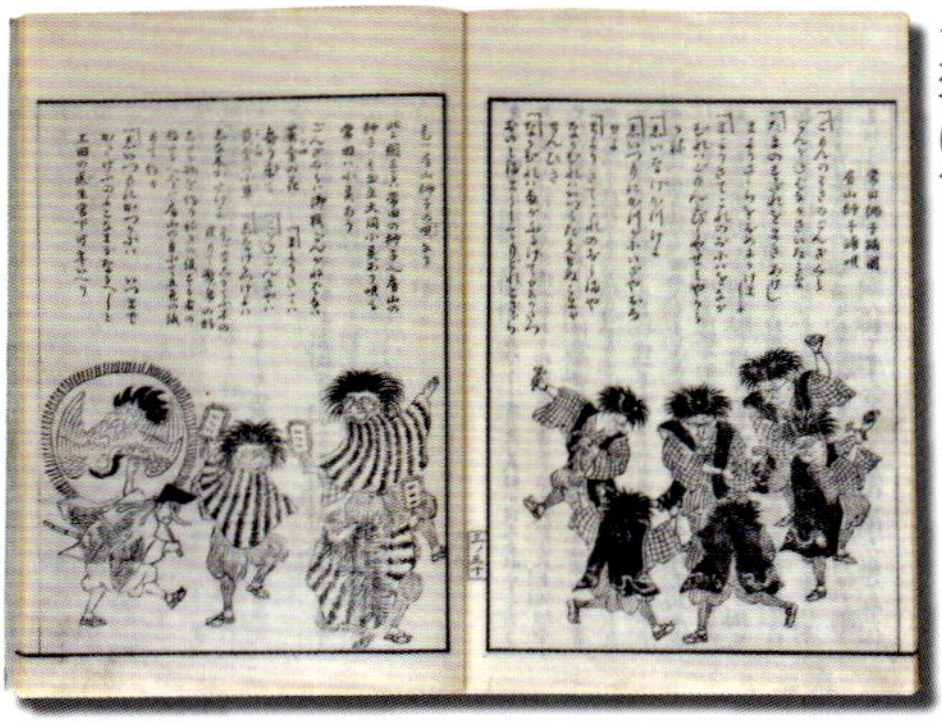

江戸時代末の『信濃奇勝録』には、築城の折に領民が祝って舞ったという「常田獅子の図」が紹介されている。

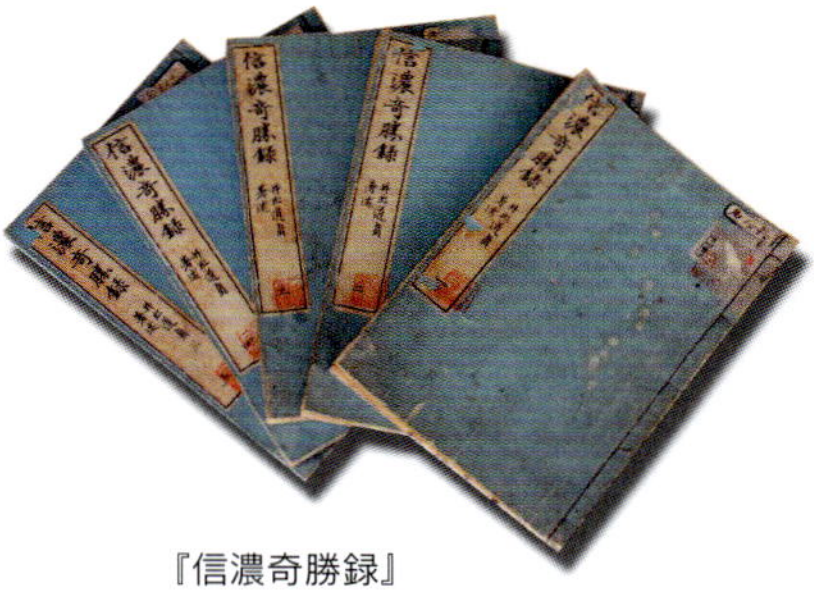

『信濃奇勝録』
(上田市立博物館蔵)

伊勢山の集落(上田市神科)。砥石城の直下にあり、根小屋とも呼ばれる小さな城下町をなしていたようである。昌幸は上田築城直前はここに住んでいたらしい。

上田城櫓門脇の「真田石」。城内一の巨石である。

小県地方を統一

最近判明してきたことであるが、天正十一年の上田築城開始直後、徳川家康は沼田領の北条方への引渡しを昌幸に命じたらしい。これを拒絶した真田方は、七月に沼田城に派遣された北条方の使者を斬っている。昌幸はこの時点で徳川と断交、上杉と手を結ぶ。しかし、その後の情勢の変化もあり、昌幸は天正十三年まで、徳川・北条・上杉の間にあって独立の形であったとみられる。

一方で昌幸は、小県郡の統一を進めた。天正十一年初めには丸子で地侍たちと戦い屈服させた。翌十二年には室賀正武を滅ぼしている。これについては真田に謀殺されたという話が伝わる。しかし、この件は正確には家康に真田謀殺を命じられた室賀が、かえって真田にやられてしまったということらしい。

祢津昌綱に対して昌幸は、早くに天正十年に戦いを仕掛けた。この時は成果を上げられなかったが、十三年に上杉景勝に従属した時には、景勝を通して昌綱が昌幸の配下に入ることとなった。昌幸の力が増大したことで、昌綱は現実的な道を選択したものであろうか。

こうして昌幸は、小県郡内を統一することに成功した。

従来の沼田領に加え、小県郡全域を支配することとなった昌幸は、独立の大名として、自立する道を歩み始めた。まわりに徳川・北条・上杉という大勢力に囲まれ、軍事力だけでない、さまざまな術数を駆使しての自立であった。

丸子城（上田市丸子）、手前は依田川。丸子氏の居城といい、昌幸の配下に入った。
第一次上田合戦の折には徳川軍によく抵抗して屈しなかった。

疾風六文銭

上田城攻防戦

自立する昌幸に対して、家康は大軍を送って征伐を試みるが失敗。さらに関ヶ原の戦いを前に秀忠の大軍を釘づけにするなど、徳川に二度にわたって苦杯をなめさせた。

しかし昌幸・幸村父子は高野山へ流され、蟄居の日々を余儀なくされる……。

国分寺付近の神川。このあたりが主戦場だったという。

徳川の大軍を破る

真田氏の沼田城代矢沢頼綱らは、天正十一年七月には、沼田城引渡しを拒絶して北条方の使者を斬っている。この頃より既に真田昌幸は、上杉寄りの立場だった。翌十二年、室賀（上田市）の領主室賀正武は、家康より昌幸暗殺を命じられたが、かえって昌幸に討たれている。そして、天正十三年（一五八五）家康は、再度の沼田城引渡し命令を拒んだ真田を討つべく、大久保忠世・鳥井広忠・平岩親吉らに諏訪や佐久の信州勢も付けて七千人という大軍を真田攻めに送り込んだ。

迎え撃つ真田勢は総勢二千人ほどの兵力だったという。昌幸は上杉景勝に援軍を求めたため、景勝は配下の北信濃の諸将に動員を命じた。

戦いは閏八月二日、上田城から神川・国分寺あたりで激しい戦闘が展開された。くわしい状況は不明だが、真田方が城近くまで徳川方を引き寄せ、奇策を用いて散々に打ちのめしたという。さらに逃げる徳川軍を追撃し、神川のあたりで決定的な打撃を与えたとされる。そのため、この戦いは「神川合戦」とも呼ばれる。

昌幸の嫡子信幸は沼田在城の諸士に対して、「去る二日、国分寺において一戦をとげ、千三百余討ち取り…」と手紙を書いている。実際徳川方の被害は大きかったようで、参戦していた大久保彦左衛門も「ことごとく敗軍」などと敗戦の様子を記している（「三河物語」）。

啄木糸威伊予札胴具足。
昌幸所用と伝えられる具足。
（上田市立博物館蔵）

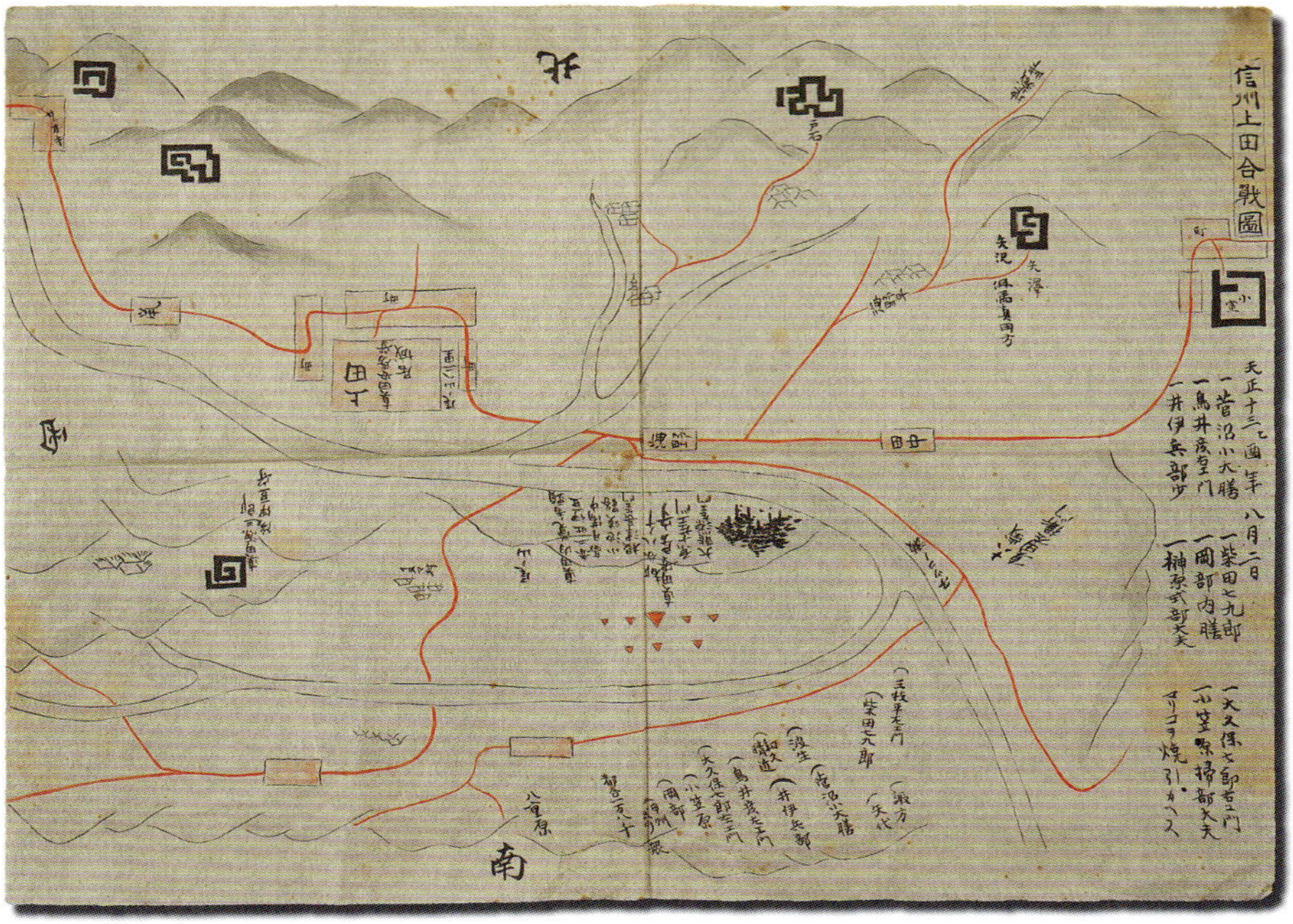

信州上田合戦図（上田市立博物館蔵）。上田城を中心に真田方と徳川方の配置が描かれているが、正確ではないところもある。この戦いは神川合戦とも呼ばれるが、図では尾野山（尾ノ山）が両軍の布陣の中心に見える。武将の名が細かくあげられており、真田方は「都合八千」徳川方は「都合一万八千」の文字が記される。右方に小室（小諸）城、「マリコヲ焼引カヘス」と書かれている。

徳川軍は八重原（北御牧）などにとどまり、再攻の機会をうかがっていた。その間真田方は、尾野山城を徳川軍に対する千曲川左岸の拠点として使っていた。真田昌幸父子は、上田城に籠っていただけでなく、かなり攻勢に出ており、徳川方はそれに手を焼いていたのである。同月二十日に起こった、やや大きな衝突が丸子合戦だった（丸子城攻防戦ではない）。

その後、徳川軍は長引く対陣に疲れた上に、関白秀吉の意を受けて上杉景勝が大軍を率いて真田救援に来るとの噂に浮足立ち、追撃を恐れて本国よりの加勢を要請したうえで十月初めに撤退している。

こうして昌幸は徳川の大軍を打ち破り、天下に名をとどろかすことになった。

なお、この合戦に先立って真田幸村（信繁）は越後に証人として送られたが、直前になって上田へいったん戻り、参戦しているとみられる。

科野大宮社（上田市常田）。古くからの大社で真田氏も上田城主として崇敬した。第一次上田合戦では付近で激しい戦闘があったという。

秀吉と家康の間で

豊臣秀吉から真田昌幸に宛てた最初の書状は天正十三年十月十七日付だった。従来昌幸は、このとき初めて秀吉と接触とされていた。しかし、実際は一か月以上前の徳川軍との対陣中に、上杉の使者より、真田の件が秀吉に報告され、その上で昌幸を全面的に支援、との秀吉の意向が申し渡されていた。この事実を真田・

徳川家康画像（大阪城天守閣蔵）

名胡桃城。この城の争奪戦が北条攻めの発端となった。本郭からは眼下に利根川、沼田方面がのぞめる。

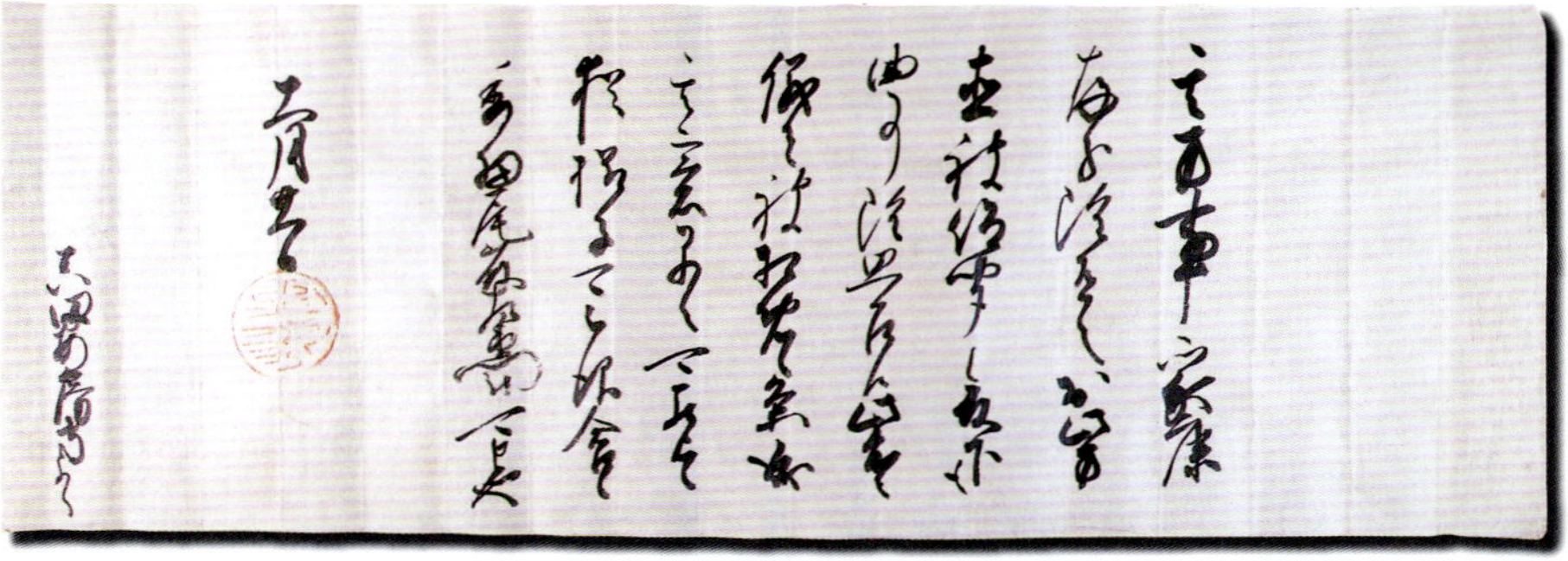

昌幸あて羽柴秀吉書状（真田宝物館蔵）。天正14年11月21日付。
秀吉が家康をとりなしたから、上洛して礼を言うように求めた書状。
昌幸は翌年上洛して秀吉に拝謁し、駿府城で家康に帰属の挨拶をした。

上杉方は、徳川方へ宣伝している。
この対陣の間の九月には、上杉勢による上田城増強普請が盛んに進められてもいた。昌幸は、徳川・上杉両大勢力をたくみに使って居城を築いたとも言える。

天正十四年になると秀吉は、家康と和解する方向に転じ、家康の出仕を要請した。ここで家康は、真田との問題を理由にその先延ばしを図ったらしい。真田問題は、家康の秀吉への従属についての障害という形になってしまったのだった。

天正十四年七月、家康は再度の真田攻撃のため出陣し、秀吉もそれを承認している。しかし、間もなく家康に真田攻めの延期を指令している。これは、真田を庇護していた上杉景勝からの強い働きかけによる、とみられている。

家康が大坂城へおもむき、秀吉に出仕したのは十月末のことだった。昌幸は徳川という大敵が自領へ侵攻する機会をうかがっているという状況の中で、上田を離れるわけにはいかなかった。そのため上洛が遅れて、「表裏者」などと秀吉の不興をかった。

昌幸は天正十五年三月、秀吉の下に出向き正式に臣従した上で、その命により家康に出仕した。昌幸は秀吉の家臣ながら、徳川に配属の形になった。

名胡桃事件と小田原合戦

北条氏は秀吉への従属については、沼田領問題の解決を条件とした。そのため、天正十七年七月、秀吉の裁定により沼田城は真田方から北条方に引渡され、沼田領も三分の二は北条氏に引渡された。その分の替地については、伊那郡の内から渡されている。ところが、それから間もなく同十七年十一月には、真田方に残されていた名胡桃城を北条方の兵が奪い取るという事件が発生した。秀吉はこれを怒り北条氏討伐を決定する。

翌天正十八年（一五九〇）秀吉は小田原北条氏攻めの軍を起こし、秀吉による全国統一が達成された。名胡桃城をめぐる紛争は、この日本史的な重要事件の直接の導火線ともなったのだった。

上田城・城下町の整備

往時をしのばせる、復元された櫓門。

北条氏討伐の直後に秀吉は、大名の配置替えを実施。家康は北条氏の旧領を与えられ、駿府から江戸へ本拠を移した。信濃の領主たちも関東に移されたが、領地を減らされた者が多かった。

その中で真田氏は小県の領有をそのまま認められただけでなく、沼田領もそっくり還付される。以後昌幸は上田領を、信幸は沼田領を分担統治した。小田原の役を機に昌幸・信幸ともに家康配下から秀吉の直臣に戻されたとみてよい。

こうして真田家は、旧領をそのまま維持することができた。近世大名につながる豊臣大名としての地位を固めたのであった。

秀吉の天下となってからは、周辺の領地争いもなくなり、昌幸たちはしばらく平穏な年月を送る。天正十九年（一五九一）からの秀吉の朝鮮出兵には肥前名護屋に在陣し、文禄二年（一五九三）からの京都伏見城の普請役も務めた。

この間昌幸は、上田城下および領地の整備を進めるかたわら、城郭の整備も行ったらしい。近年城跡から発掘された金箔《きんぱく》瓦などから類推して、いくつかの櫓《やぐら》や天守閣と言えるような建物もできていたかもしれない。新しい町人たちの家並み、高くそびえる金箔つきの瓦屋根。小県地方に初めて出現した本格的な城と城下町は、威風堂々と光彩を放ったにちがいない。

本丸東北隅の隅切りをした土塁と水堀。

COLUMN

金箔瓦の語る真田氏上田城

寺島隆史
（元上田市立博物館館長）

安土桃山様式を伝える菊花文軒丸瓦（部分）。

金箔の跡が残る瓦断片。城は華やかな装いを見せていたことだろう…。

上田城跡からは真田昌幸の時代、桃山期の特徴を示す瓦がかなり出土している。中には金箔が鮮やかに残るものもあり、往時の上田城の壮麗さを窺うことができる。

中世の城郭では、櫓などは実戦本意のごく簡素なものだった。もちろん瓦は全く使われていない。山城の建物など、小屋程度であったとみてよい。それが一変するのは、信長の安土築城以降のことである。安土城はその規模の広大さ、総石垣、大天守閣、瓦葺きなどで、近世城郭の規範となった。

天正十八年（一五九〇）、家康は関東へ移され、信濃の領主も多くがこれに随従した。その跡へ配置された秀吉配下の大名は、各々の居城を大改修した。高い石垣を築き、天守閣など豪壮な建物も建造した。松本城・諏訪高島城・小諸城等にも、このとき初めて石垣が築かれ天守閣も建てられている。

こうして周囲の諸大名の城が面目を一新する中で、真田昌幸もこれに倣ってであろう、上田城の改修整備に乗り出した。その証拠が、城跡から発見される金箔瓦等、桃山期の瓦類である。昌幸の上田城は天正十三年に一応の完成をみている。だが、城普請はそれで終わったわけではなかった。同十八年以降、慶長五年（一六〇〇）の関ヶ原合戦後に破却されるまでの間に大改修されていたのである。

上田城跡出土の金箔瓦には鯱《しゃち》瓦と鬼瓦および鳥衾《とりぶすま》瓦がある。また、その他の桃山期瓦としては、菊花文軒丸《きくかもんのきまる》瓦や桐紋《きりもん》鬼瓦等がある。これらの主な出土地点は本丸西側の堀の土手であり、ここではその表面から一メートル程の所に瓦層が見られる。これは真田氏上田城が破壊された際、瓦が崩れ落ちた状況を今にとどめているものとみられ、大変興味深い。

真田氏の次の城主仙石氏による江戸初期の上田城復興工事は、本丸に二層の隅櫓と櫓門が建てられただけで終った。二の丸にさえ櫓・城門等、城郭らしい建物は全くできず、その未完成の姿のまま明治維新に至っている。

しかし、金箔瓦等、桃山期瓦は二の丸や小泉曲輪《くるわ》からも見つかる。これは、真田氏上田城が、後の時代よりはるかに広い範囲に櫓ほかの城郭建築を配備し、威容を誇っていた様子を示している。松本・小諸ほか周辺諸侯の居城や、息子信幸の沼田城にも天守閣があった。この事実もあわせてみれば、昌幸の上田城にも、三層の櫓くらいは建てられていた、と考えた方が自然だろう。あるいは、それを天守と呼んでいたかもしれない。

犬伏の別れ

真田父子犬伏密談図（佐藤雪洞画、上田市立博物館蔵）。昌幸が信幸を呼び寄せ、幸村をまじえて協議する想像図。

天下を統一した豊臣秀吉は、慶長三年（一五九八）に病没。その後の中央政治は秀吉の遺子秀頼を立てて、五大老五奉行が中心となった。しかし軍事力でも圧倒する徳川家康が、しだいに実権を握る。これに対し石田三成などの反徳川勢力の連合が水面下で組織されていった。

慶長五年（一六〇〇）五月家康は、命令に従わない会津の上杉景勝討伐の動員令を発した。東国の多くの大名がこれに応じ、昌幸・信幸・幸村（信繁）父子も参陣し徳川軍に合流しようとしていた。その途中下野《しもつけ》

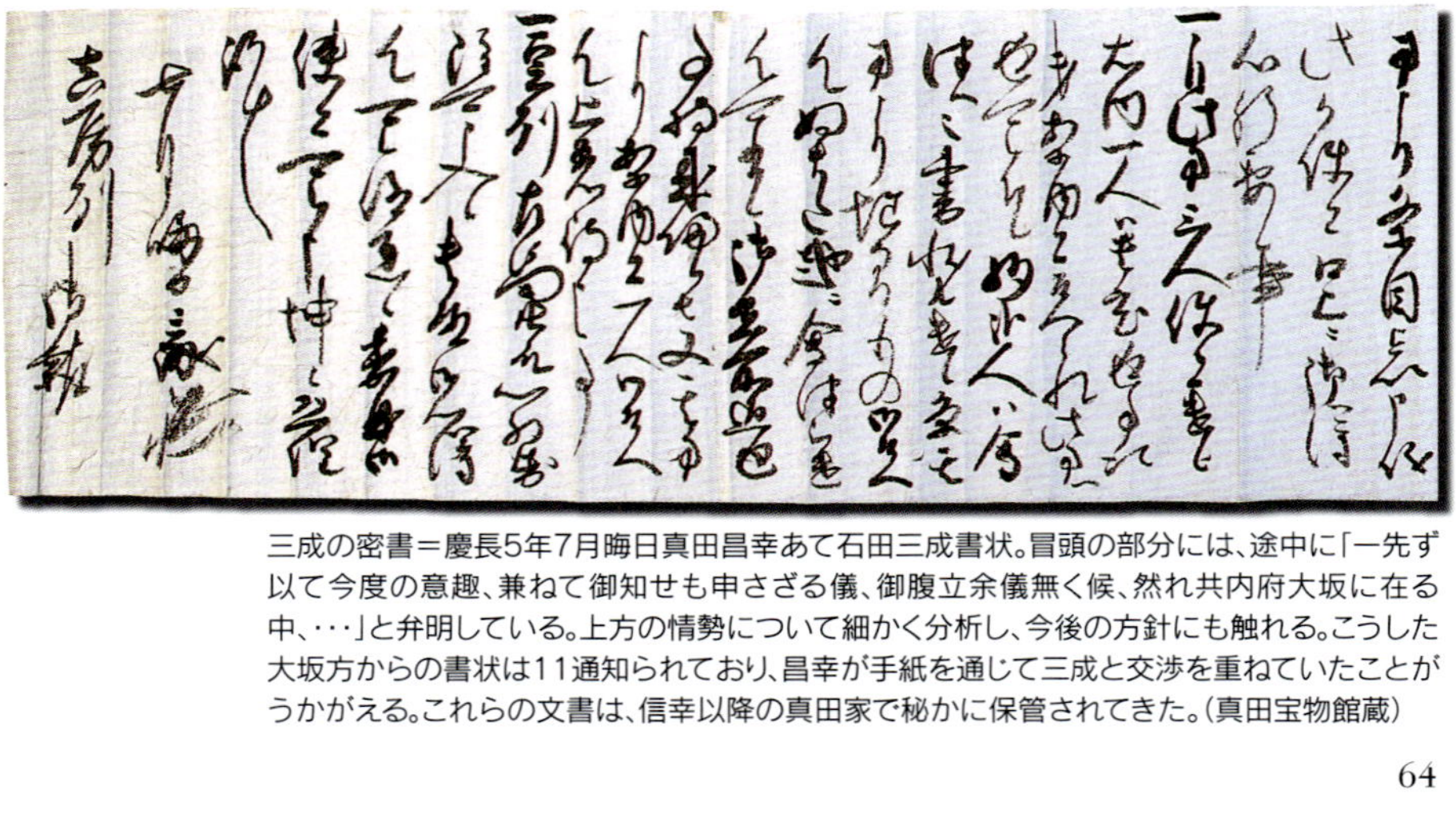

三成の密書＝慶長5年7月晦日真田昌幸あて石田三成書状。冒頭の部分には、途中に「一先ず以て今度の意趣、兼ねて御知せも申さざる儀、御腹立余儀無く候、然れ共内府大坂に在る中、･･･」と弁明している。上方の情勢について細かく分析し、今後の方針にも触れる。こうした大坂方からの書状は11通知られており、昌幸が手紙を通じて三成と交渉を重ねていたことがうかがえる。これらの文書は、信幸以降の真田家で秘かに保管されてきた。（真田宝物館蔵）

犬伏《いぬぶし》（栃木県佐野市）に陣をとっていた昌幸に、豊臣家奉行の長束正家等より七月十七日付けの書状が届く。内容は豊臣秀頼を盛り立てて家康を討つべく挙兵した、味方するようにという勧誘である。

そこで昌幸と信幸・幸村の父子三人による協議がなされたとされる。その結果はよく知られているように、昌幸と幸村は反徳川・石田方（西軍）に、信幸は徳川方（東軍）につくこととなった。

この真田父子の東西への引き分かれの理由については、様々なことが言われる。昌幸についてはやはり、かつて家康には攻められ、上杉景勝には助けられたという思いが強かったのではないか。信幸・幸村兄弟については、その姻戚関係が大きかったのだろう。信幸の妻は家康の重臣本多忠勝の娘、幸村の妻は秀吉側近の要人だった大谷吉継の娘であり、吉継は西軍の中心人物となっていた。

都では既に、七月十九日に石田三成らが、伏見城の攻撃を開始していた。東西の軍事衝突が始まった。

昌幸と幸村は急遽、沼田経由で上田へ向かう。沼田城に立ち寄った昌幸に対し、信幸夫人小松姫はその行動をいぶかり、城門を開かなかったという。昌幸が孫の顔を見たいと願うと、小松姫は近くの寺へ案内し孫たちに会わせた、というエピソードが伝えられる（「滋野通記」）。

犬伏にとどまった信幸は事態を家康に報告。家康は書状を送り信幸の忠義をほめた上で、沼田領の他に昌幸の上田領も与える、と約束したのだった。

昌幸・幸村が信幸と袂を分かった犬伏宿の跡に建つ薬師堂（栃木県佐野市）。昌幸たちはここから急遽上田へ引き返した。（池波正太郎真田太平記館提供）

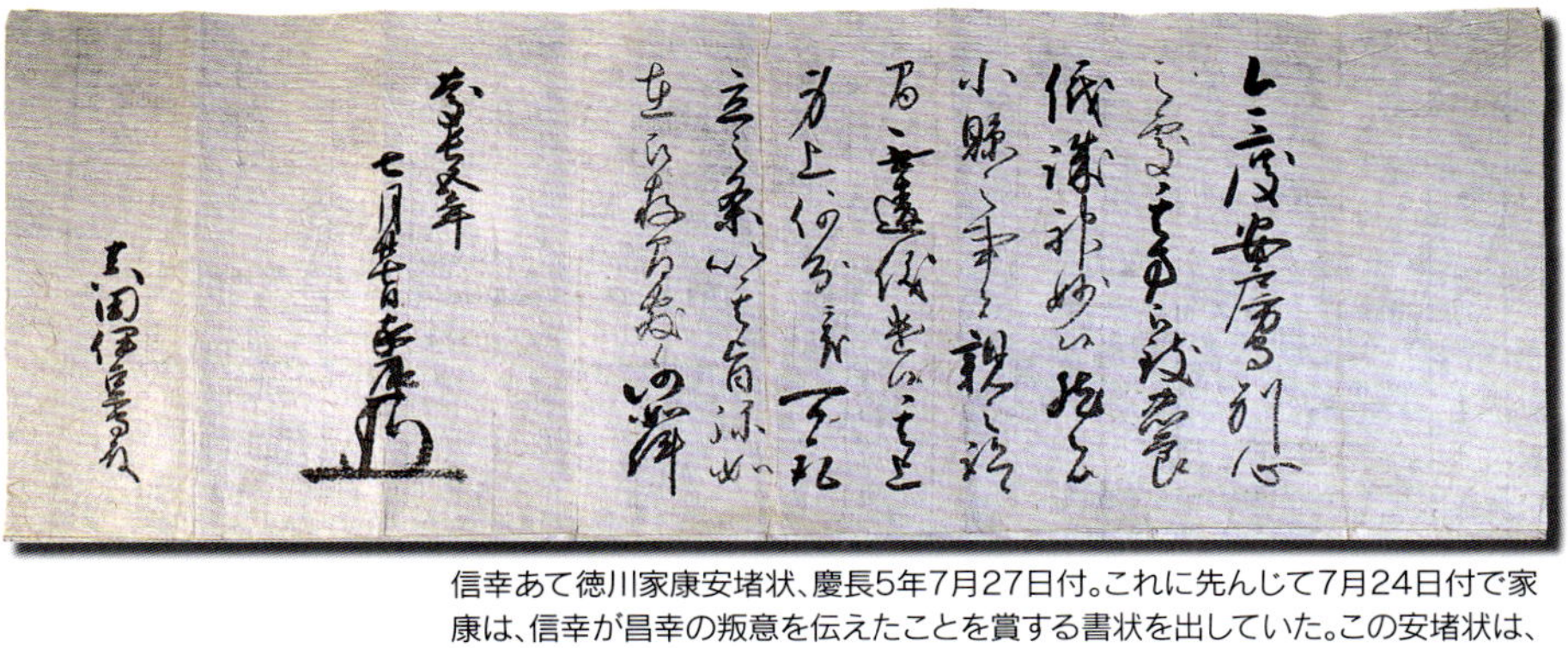

信幸あて徳川家康安堵状、慶長5年7月27日付。これに先んじて7月24日付で家康は、信幸が昌幸の叛意を伝えたことを賞する書状を出していた。この安堵状は、信幸の忠節をほめ、「小県の事は親の跡に候の間、違儀なく遣はし候。・・・・」と、昌幸の領地を没収して信幸に与えることを約束した。関ヶ原合戦の後、上田城は破却されたが、小県の領地は約束通り信幸に与えられる。（真田宝物館蔵）

徳川の大軍を釘づけ

この事態に家康は諸将を集めて評議、八月五日に江戸城へ戻り、しばらくようすを見てから、九月一日にようやく出発した。一方で秀忠軍は八月二十四日に宇都宮を出立。三万八千という大軍で東山道経由で西へ向かったが、名目は「真田討伐」とされた。信幸も命に従って、秀忠軍に合流する。

秀忠軍は九月二日に小諸城に入った。ここで信幸は使者として昌幸との交渉にあたる。昌幸は、いったんは降伏の意を表しながらすぐ前言をひるがえし、交渉を長引かせた。これに激怒した秀忠は、五日に上田城攻めを開始する。守る真田軍は二千五百人ほど、軍事力の差は圧倒的だった。

秀忠は染屋台地に陣を張り、信幸を砥石城に入らせた。六日には刈田（敵地の稲を刈る）をめぐって、城の守備兵と小ぜりあいが発生。逃げる城兵を追って秀忠軍は、統制を乱しながら先を争って城に殺到した。

大手門前まで押し寄せた敵に対し、真田軍は矢倉から弓矢・鉄砲で反撃。一部では門外で槍を合わせるなどの激戦が展開された。

戦いの細かいようすは不明だが、統制の乱れた秀忠軍は城を落とすことができない。死傷者も多数にのぼったとされる。真田軍の意気は高かったようで、後の時代の軍記物語には、百姓・町人に至るまで敵の首一つに知行百石を与える、と昌幸が約束して鼓舞した、と書かれたりした。

緒戦に失敗した秀忠軍は、城兵と小ぜりあいを続けたようだが、戦線は膠着状態になってしまった。家康からは西上を急ぐよう指令が来たので秀忠は、ついに兵を引く。上田城には張り番を残し、九月十一日、秀忠軍は小諸を出発した。

大軍をもって攻めたのに、真田の小さな城を落とせなかった。徳川にしてみれば敗北同然の戦いであった（第二次上田合戦）。秀忠軍は十日近くも足止めを食い、東西決戦を前にした貴重な日時を空費してしまった。

徳川の大軍をまたしても破った真田昌幸は、大いに武名を高めることとなった。

砥石城跡から上田方面を見下ろす。

真田父子上田籠城図（豊寅画、上田市立博物館蔵）。「信州上田の防戦ハ日本三篭城の一にして当時飛禽も墜す織田徳川の大軍之を責るといえども真田の謀図に当り攻飽れたる時秀吉城中に使し一弁の下に之を説明して和を整ふ秀吉の智優かな」とある。

関ケ原陣場野（岐阜県不破郡関ケ原町）。東軍の勝利により昌幸父子の運命は変わる。（池波正太郎真田太平記館提供）

幸村は神川合戦に参戦した！

—真田信繁（幸村）の史料再考—

元上田市立博物館館長　寺島隆史

信繁の生年の見直し

真田信繁（幸村）は、武田家臣としての昌幸の次男として生まれた。一般には永禄十年（一五六七）生まれとされている。しかし、松代の真田家菩提寺長国寺過去帳からみての、同十三年生まれほかの説もある。これについて筆者は、十三年説が正しいのではと考えている。その理由の一つは、後でも触れるように、天正十三年（一五八五）時点でも、信繁は弁丸という幼名を名乗っていたからである。通説通りだと信繁は、このとき数えで十九になる。この年で幼名はおかしい。信繁は通説より年少であることはまず間違いない。また、この通りだとすると、信繁討死時の年齢は、数えの四十九ではなく、四十六になる。

まず滝川一益のもとへ人質に

天正十年（一五八二）三月、武田氏は織田信長に攻められ滅亡する。そして、信濃の佐久・小県両郡は上州とともに信長の重臣滝川一益領とされる。真田昌幸は信長への服属を認められたのだが、このとき一益が本拠とした前橋城に昌幸も出仕し、人質も入れていた。

人質に出されたのは信繁であり、かつ人質信繁が真田の地へ出した書状があることが、最近明らかにされた。

武田氏滅亡のわずか三か月後の天正十年六月には本能寺の変で信長も倒れる。そして一益は追い出される形で撤退するのだが、このとき一益は、佐久・小県から出されていた真田信繁を含む人質を連行して行ったのである。この人質たちは木曽通過時に木曽義昌に引渡され、木曽にしばらく抑留されていた。

上杉謙信・景勝の本拠、春日山城の本丸跡（新潟県上越市）。真田信繁（幸村）も景勝の家臣という形でここに出仕した。

日本の真ん中　信州

上田 道と川の駅

おとぎの里

〒386-1106 長野県上田市小泉2575-2
国道18号線上田坂城バイパス
TEL 0268-75-0587　FAX 0268-75-0586
http://www.otoginosato.jp/

このおりに出されたのが、「きそより」とある信繁の書状である。その差出名は、幼名弁丸の「弁」とあり、天正十三年のものと同じである。宛先は親族であり、真田氏重臣でもある河原綱家。信繁は数えで十三歳、便りをもらったことを大変喜ぶとともに、「何事も帰ってから」を繰り返し、無事の帰還を痛々しいまでに望んでいる様子であった。まだ幼さが感じられる書状でもある。

海津城跡（長野市松代）。神川合戦前後、信繁の母らが証人として詰めた。

　信繁の父昌幸は、この年、信長横死以降、信濃それも特に小県郡が上杉・徳川・北条の取り合いの地となる中、情勢を見極めつつ、七月に北条氏に従ったのだが、九月には徳川方へと鞍替えしている。これ以前から家康は、配下に組み込みつつあった木曽義昌に、佐久・小県の人質の引渡しを求めていた。よって、真田を味方に引き入れるにあたって、人質信繁を交渉の道具にしたことは確かとみてよい。昌幸の徳川方への寝返りの理由の一つに、息子信繁の身柄の無事を図りたい、という思いもあったのである。

上杉家への証人＝家臣として

天正十三年（一五八五）の第一次上田合戦にあたって真田昌幸は、徳川軍に対抗するため上杉景勝に従属する。その証しとして同年六月には信繁を上杉氏の下へ送り込んだ。実質的な証人（人質）とはいえ、昌幸が、「拙次男弁丸を御被官《ひかん》に進上」と言ったというとおり、上杉氏は信繁に知行地を与え、被官（家臣）として扱っている。それを証明するのが、天正十三年六月に諏訪久三に与えた弁丸（信繁）の知行安堵（保証）状である。これにも差出名は「弁」とあるだけなのだが、この点は前に触れた木曽からの書状と同じでもある。なお、信繁が景勝から給されたのは千貫文の地といい、更埴地方の内であった。

第一次上田合戦への参戦

上田城頭での戦いは閏《うるう》八月二日に展開された。地の利を生かした真田方が、寡兵《かへい》よくこれを退けたことはよく知られている。

通説では、この合戦への信繁

農業それは未来への懸け橋
今、日本の食文化が世界で注目されています。安全で美味しい農作物をお届けするために、優れた技術とインプルメントの可能性を追求し、日本の農業の発展に貢献しています。
松山株式会社
http://www.niplo.co.jp/
〒386-0497
長野県上田市塩川5155
TEL:0268-42-7500
FAX:0268-42-7520

の参戦はないとされている。証人として送られた者が、すぐに帰れるわけがないとするものである。しかし、「武徳編年集成」「真武内伝」「沼田記」等では、信繁もこの戦いにおいて活躍した旨が記されている。これらは江戸時代の編纂《へんさん》だが、当時はそのように伝わっていたのである。その一方で、信繁は参戦していない、とする史書類は一つもない。

信繁は証人の意味合いがあって越後・春日山へ行ったには違いない。しかし、知行も給付された上杉家臣でもあった。真田氏危急存亡のときにあたって、救援に向かう上杉勢とともに上田へ帰って戦いたい、と強く望んだものであろうし、それが認められたとみられるのである。この戦い前後に、信繁の母親寒松院が、上杉方の海津城にいたことも知られる。これは信繁の一時帰国についての証人という意味合いもあっての措置ではなかったか。

真田昌幸の一番の重臣で沼田城代の矢沢頼綱の嫡子頼幸も、信繁とともに越後へおもむいている。だが、やはり合戦直前にいったん上田へ帰っている。これについては、矢沢頼幸に宛てた、上杉氏の海津城代須田満親の書状からも確認できる。

その書状に見える、証人として海津城に送られた「御幼若の方」は、通説では信繁とされている。しかし、これは素直に読めば、頼幸が自分の証人として、幼弱の子なり弟なりを送ってきたことについて、須田が感謝しているものとしか見えない。信繁は通説より三歳年少だとしても十六歳であり、幼弱という年齢でもなかった。

真田信繁と矢沢頼幸は、越後へ行った後、合戦直前に上田へいったん帰って参戦、とみられるのである。その二人の一時帰国にあたっての証人として海津城（松代城）へ送られたのが、信繁の母であり、頼幸の子（か弟）だった、とみてよいのではなかろうか。

矢沢頼幸については、上田での合戦終了後に越後へ戻っていたことは、越後下郡における戦

矢沢城跡（上田市殿城）。真田昌幸の重臣、矢沢氏の拠城。

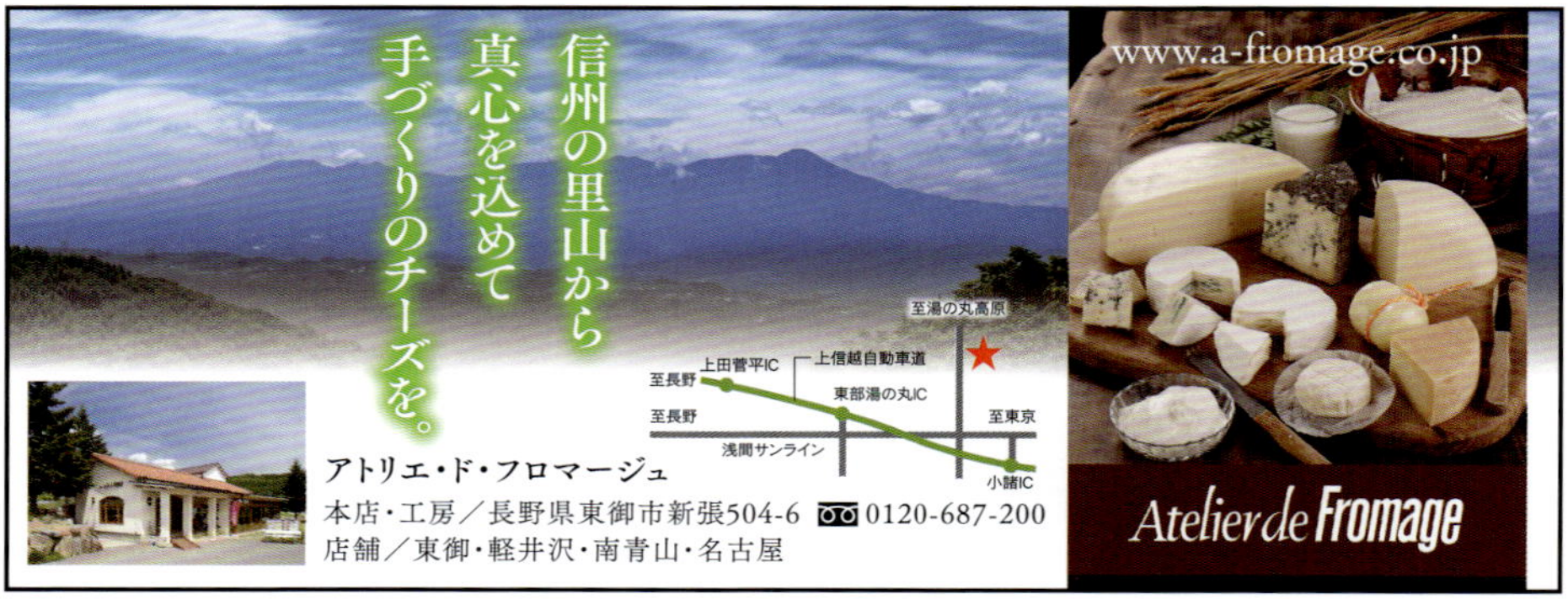

いぶりを賞している上杉景勝書状から確認できる。信繁もやはり越後へ戻っていたことに間違いないだろう。しかし、その動きが知られる確かな史料は残っていない。

独鈷山と前山。山麓の前山は信繁（幸村）の領地で当時は漆が特産だった。

ところで、真田信繁の第一次上田合戦への参戦が確かとすると、信繁は後の第二次上田合戦、さらに大坂の陣と三度までも徳川軍と戦ったことになる。このような武将はほかにいない。初めの二回は父親の陰に隠れてはいたのだが、いずれの戦いでも小よく大を制すという、日本人好みの戦いぶりを示し、真田の武名を上げたのだった。

信繁領だった
前山から漆を送る

文禄から慶長の初年（一五九〇年代）に、信繁が伏見から上田の家臣へ出した手紙が二通あることに先般気づいた。一通は「伏見より」と明記されているにもかかわらず、今まで見落とされていたものである。

二通とも信繁領（知行地）からの年貢米の換金と、伏見への送金についての事務的な内容である。上田領内（小県郡）の信繁知行地については、存在自体今まで知られていなかったのだが、この書状より塩田の前山村がその一つであった様子が浮かんできた。前山でとれた漆を、伏見へ送ってもらいたいともあるのである。江戸時代中期の記録（宝永三年上田藩村明細帳）から、かつての前山は上田領内では漆の特産地であったことがわかる。それにしても、漆などをわざわざ国元から取り寄せるというのは、真田領でかつ自分の知行地で採れた品として贈答用に使いたい、ということとみてよいだろう。信繁の伏見での暮らしぶりの一端をうかがうことができる好史料とも言える。

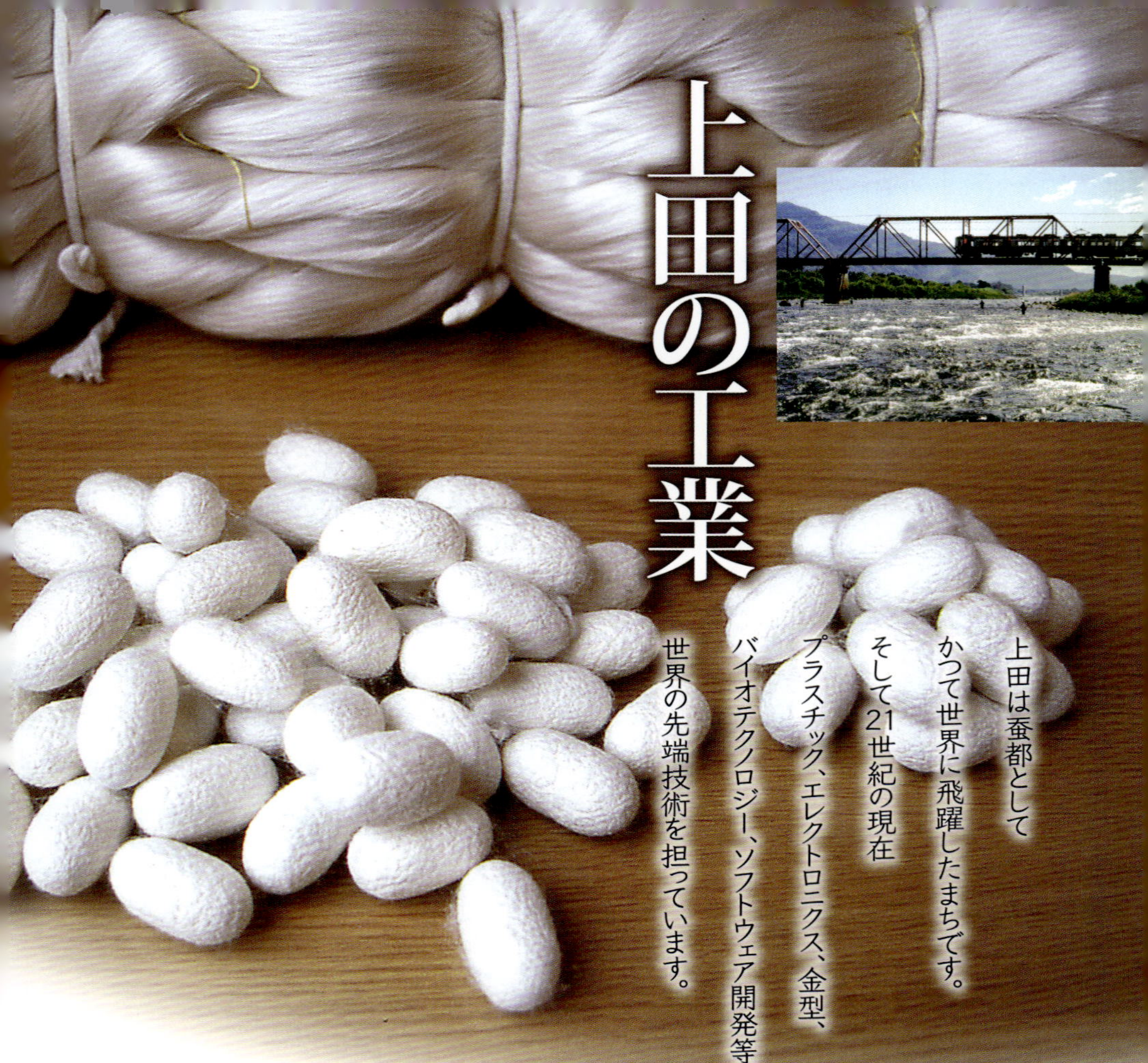

上田の工業

上田は蚕都として
かつて世界に飛躍したまちです。
そして21世紀の現在
プラスチック、エレクトロニクス、金型、
バイオテクノロジー、ソフトウェア開発等、
世界の先端技術を担っています。

明治維新を経た日本が、先進国の仲間入りをめざして近代化を急いでいたとき、大きな役割を果たした輸出品は生糸でした。「蚕都」上田の絹が欧米をはじめ、全世界に広まっていきました。

昭和初期の世界恐慌から太平洋戦争にかけ、蚕糸業から各種工業へ、桑畑は果樹園に、当地の産業構造は大きく転換し、当時誘致された工場群を含めて戦後の発展を準備します。そして高度成長期を通し、地方の都市として注目される工業の発展が見られました。

21世紀のいま、上田の工業製品はさらに世界へ進出しています。電機、自動車関連製品、食品、機械、金属、プラスチック、そしてソフトウェア開発等…。地元大学はじめ研究機関との連携も特徴です。洗練された技術に裏付け

●Photo「繭と生糸」：長野県立歴史館蔵　●Photo「千曲川と別所線」：提供／上田市

上田日本無線株式会社

本社･工場
〒386-8608長野県上田市踏入2-10-19
TEL0268-26-2112(代)
URL：http://www.ujrc.co.jp

オルガン針株式会社

本社
〒386-1436長野県上田市前山1番地
TEL0268-38-3111(代)
URL　http://www.organ-needles.com/

シナノケンシ株式会社

本社／上田市上丸子1078
TEL0268-41-1800
《シナノケンシ全般》
URL　http://www.skcj.co.jp
《プレクストーク関係》
URL　http://www.plextalk.com/jp

長野計器株式会社

上田計測機器工場
〒386-8501上田市秋和1150番地
TEL0268-22-7530
丸子電子機器工場
〒386-0412上田市御岳堂2480番地
TEL0268-42-7530
URL　http://www.naganokeiki.co.jp/

マリモ電子工業株式会社

〒386-0032長野県上田市諏訪形1071
TEL0268-27-9644
URL http://www.marimo-el.co.jp/

(五十音順)

られた各産業分野の活躍は、かつての蚕都の繁栄をほうふつとさせ、上田の工業の未来を示しています。

高野山・九度山へ流される

天下を二分した東西の大軍勢は、慶長五年（一六〇〇）九月十五日に関ヶ原で激突。結果は西軍に寝返りなどもあり、家康側が大勝利した。上田城攻めで足留めされた秀忠軍はこの戦いに間に合わず、家康にひどく怒られたという。

関ヶ原の戦いで勝った家康は、大規模な戦後処理を行い、西軍の大名たちを厳しく処分した。真田家では信之（信幸）が沼田領と上田領を安堵された。昌幸・幸村（信繁）父子は処刑されるところだったが、信之の必死の嘆願によって死罪を免れる。

昌幸と幸村は、この年十二月、少数の近臣とともに配流地の高野山に入った。一行はしばらく蓮華定院《れんげじょういん》に滞在した後、麓の九度山《くどやま》村に落ち着く。

家康は慶長八年二月征夷大将軍となり、幕府を開いた。十年には秀忠に将軍職をゆずり、自らは大御所として実権を握り続ける。昌幸は下山（赦免）の許しが出ることを期待したが、かなわなかった。

九度山での昌幸たちの生活は、かなり苦しかったようである。自らの収入はなく、蓮華定院や地元大名の援助、信之からの送金、知人たちからの合力《ごうりき》（寄付）に頼るしかなかった。昌幸と国元の人々との手紙が残されているが、その中には至急お金を送って欲しいなどと書かれたものもいくつかある。

下山・帰国の望みを果

高野山入口。（和歌山県）古くからの宗教的霊地であった。

たせず、昌幸は慶長十六年六月、配所で病没した。享年六五、火葬され、遺骨は九度山の真田庵と国元の長谷寺（真田町）に葬られた。乱世を巧みに生き抜いて戦国大名として成長し、徳川の大軍を二度にわたって破った英傑も、晩年はさびしい暮らしの中で没したのであった。

真田庵（和歌山県九度山町）。昌幸・幸村父子が長い年月を蟄居した地。数々の遺品が残る。

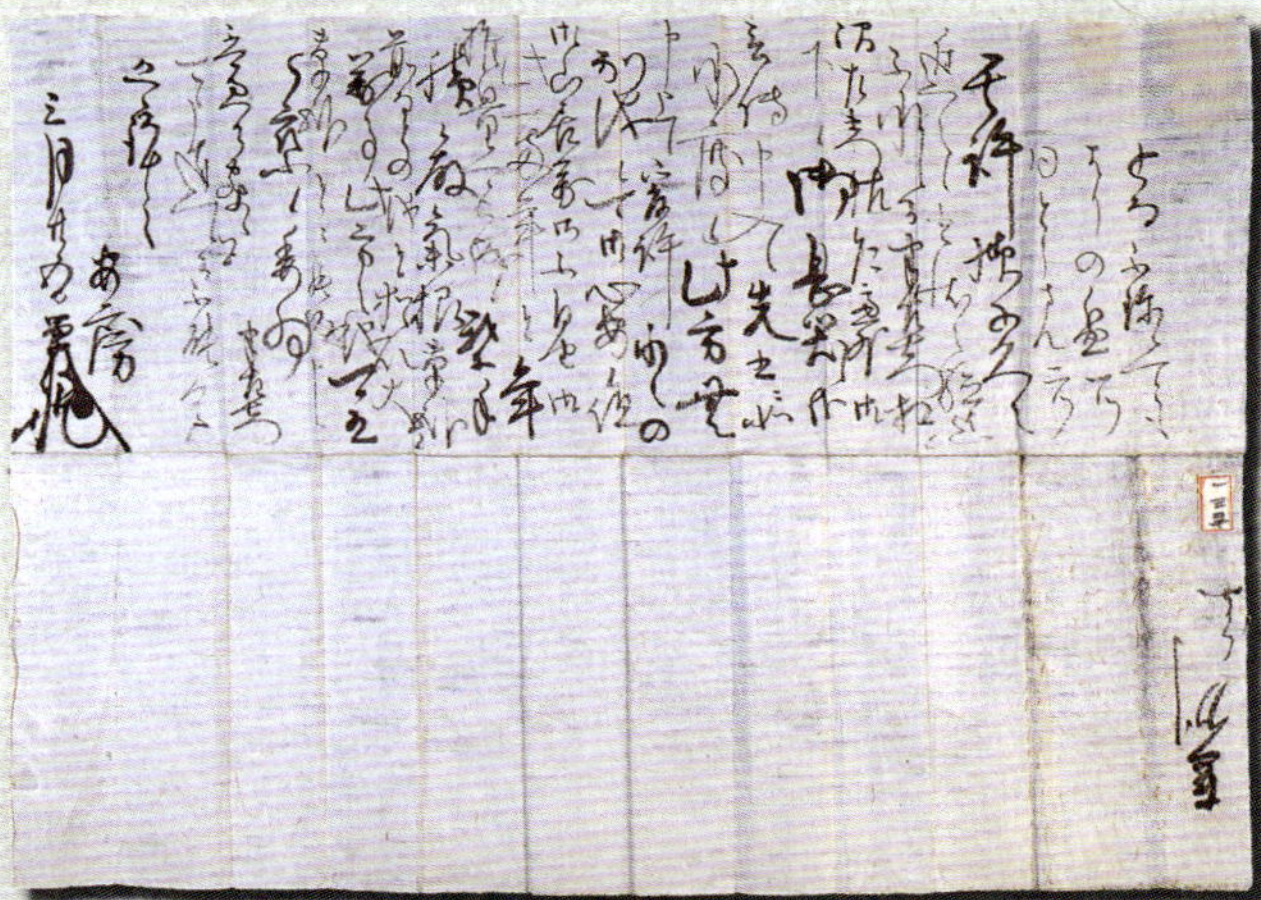

年次不詳昌幸書状（真田宝物館蔵）。上田の信之（豆州）あてに出したもの。病気がちの信之の身を案じつつ、九度山での父子の生活が不自由なこと、年をとって根気がなくなり、くたびれてきたことなどを記している。晩年のものと思われ、少し愚痴っぽい面ものぞく。幸村の代筆したもの。

（左）昌幸所用と伝えられる鐙（真田庵蔵）

昌幸作といわれる木製の犬の置物（真田庵蔵）

真田庵の昌幸の墓所。慶長16年（1611）6月4日死去、65歳であった。墓の隣に昌幸の霊をまつった地主権現が建つ。

蓮華定院と信濃

蓮華定院住職　添田隆昭

真田昌幸・幸村父子の身があずけられた蓮華定院は、鎌倉初期の創建。六文銭や雁金の紋が各所に配され、真田とのゆかりの深さを伝える。添田住職に信濃と同寺のかかわりを語ってもらった。

蓮華定院正門

ありがたや　高野の山の岩陰に　大師はいまだおわしますなる　と謳われてきたように、弘法大師によってひらかれた高野山は、大師が生きたまま山の東側、奥の院の地下石窟に座禅をつづけている（入定留身《にゅうじょうるしん》）、という信仰に支えられて千年の宗教的命脈を保ってきました。

一方日本人は、祖先の霊は聖なる山に集まるという信仰と、死者の魂は遺骨に寄り添うという思いを持ち続けてきました。従って、高野山奥の院に分骨を納めておけば、死後の自分の霊魂はその遺骨に寄り添って、弘法大師に見守られながら千年の安らぎを保つことができると信じられたのです。

死後が不安であるなら、生前に自分の手で、遺骨の代わりに髪・爪・歯を納め、墓碑も予《あらかじ》め建てておく（逆修塔《ぎゃくしゅうとう》）ということも盛んに行われました。とくに戦国時代を生きた武将にとって、この思いは切実でした。自らの領内の菩提寺はいつ敵兵の蹂躙《じゅうりん》する所となるやも知れず、保元・平治の乱以後は、世俗権力の介入を拒んできた霊山高野山に菩提寺を持ちたいという希求は強かったと思われます。

大永三年（一五二三）、佐久の豪族大井貞隆は、信州の武将として初めて当院と宿坊の契約を交わしました。その前年に高野山で大火があり、多くの堂塔が焼失しました。おそらく蓮華定院に佐久・小県の出身者がおり、復興勧進のため土地勘のある東信に赴いたものと思われます。その後相次いで、海野棟綱（大永七年）、伴野貞慶（享禄三年）、津金寺憲存（同年）等と同様の契約を取り交わしています。

高野山の歴史は火災との戦い

と言っていいくらい、数多くの大火に見舞われ、その度に大規模な再建が行われました。山上の台地に広がる高野山には、雷がよく落ち、寺社のほとんどが桧皮葺であったことから屋根に火が移り、それが飛び火して大火となってしまうのです。復興勧進は全国を遊行していた高野《こうや》聖《ひじり》によって行われました。高野聖はいわば現代の営業マンとしての役割を担っていたのかもしれません。現在高野山には百十七の寺院がありますが、復興できなかった寺も多くありました。

六文銭と雁金の紋が入った袈裟を身に着けて話す添田住職。

さて大井、伴野両氏は五十年にわたって佐久の覇権をめぐって戦いましたが、武田氏の援助を得た伴野貞慶が大井貞隆を圧倒し、貞隆は天文十年（一五四一）武田側に生け捕られてしまいます。同年、海野棟綱は海野平で、武田・村上・諏訪の連合軍に敗れ、上州へ逃れていきました。この顛末は海野氏の家老深井棟広によって蓮華定院へも伝えられました。

やがて信州は武田信玄の領有する所となり、真田幸隆がその属将として活躍しました。幸隆はその智謀をもって信玄を助けましたが、家督を継ぐべき長男・次男は長篠の戦いで戦死してしまいます。そこで、信玄の母方の同族武藤家の養子となり喜兵衛を名乗っていた三男の昌幸公に家督が託されました。

天目山の戦いで武田勝頼が自害する二年前の天正八年（一五八〇）三月、依田信蕃、武田信豊、望月印月斎等が相次いで当院と宿坊契約を交わし、昌幸公もこれに倣《なら》いました。近接した日付から高野山から僧が派遣されたものと思われますが、主家の黄昏《たそがれ》を家臣たちも予感していたのかもしれません。武田家滅亡後、依田信蕃は徳川方に与《くみ》し、昌幸公は上杉景勝を頼み、徳川方の上田侵攻（神川合戦）を招きました。

天正十八年、依田信蕃の子康国から佐久・甲州の領地に関する宿坊契約が発給されましたが、康国は小田原攻めで戦死し、仙石秀康（秀久）が佐久に入ります。当時の住職応其が秀康に佐久の事宜しくと依頼した事が、その返書より知られます。

また慶長二年（一五九七）三月の当院月牌帳（毎月一回供養することを約した記録）に、「上田海ノ町鍛冶弥右エ門亡妻のために」とあり、上田が職人も集

四季を通じた千曲川の味を
ご賞味ください。

千曲川の味とロマン
川魚専門店 鯉西《コイニシ》
本店／上田駅お城口より徒歩3分
上田市天神1-9-19
☎0268-22-5124 火曜定休
つけば小屋／上田駅温泉口より徒歩5分
上田市常田1-5
☎0268-23-2438《ニシザワ》 4月〜10月営業

まる城下町としての体裁を整えつつあったことがうかがえます。

　太閤秀吉亡き後の関ヶ原の合戦では、家康の四天王のひとり本多忠勝の娘を妻にもつ長男信幸公が徳川方に、昌幸・幸村両公は西軍につき、親子兄弟相別れての戦いとなります。昌幸・幸村父子は上田城に立て籠もって三万八千の秀忠軍を迎え撃ち、足止めされた徳川軍は天下分け目の戦いに遅参することとなってしまいました。面目を失った秀忠は真田父子の首を刎《は》ねよと厳命しましたが、信幸公の助命嘆願により罪が減ぜられ、高野山への蟄居《ちっきょ》が命ぜられました。高野山は政争で敗れた者の隠遁《いんとん》場所であり、余生を仏道修行に過ごすことを前提に、勝者も黙認してきました。高野山行きを命ぜられた昌幸公は、祖先より縁故のある蓮華定院を頼ることとなりました。慶長五年十二月十三日のことです。

　蓮華定院では、おそらく二十名にはなったであろう昌幸・幸村主従のために、山麓の九度山に家宅を用意しました。高野山は、平安時代以降、紀ノ川流域に広大な荘園を所有し、その管理を行ったのが九度山慈尊院の政所でした。紀ノ川に面した九度山は当時、物資と情報の集散地であり、九度山に居ても高野山で身柄を保証しているという建て前には反しなかったのです。昌幸公はすぐにも赦免があると期待していたようですが、十一年後の慶長十六年に九度山の地に没せられました。当院には、生前にご自身で用意された位牌「一翁干雪居士　寿位」が残されています。

　昌幸公の墓碑がある場所は現在善名称院（真田庵）となり、毎年五月五日には真田祭が行われ、十勇士に扮した子どもたちのお練り行列でにぎわいます。

　残された幸村公の生活は質素なもので、焼酎を所望する左京宛の手紙が当院に寄進されています。やがて大坂冬の陣が勃発せんとして大坂方の勧誘を受け、幸村公は九度山を脱出して大坂城に入り、慶長二十年（一六

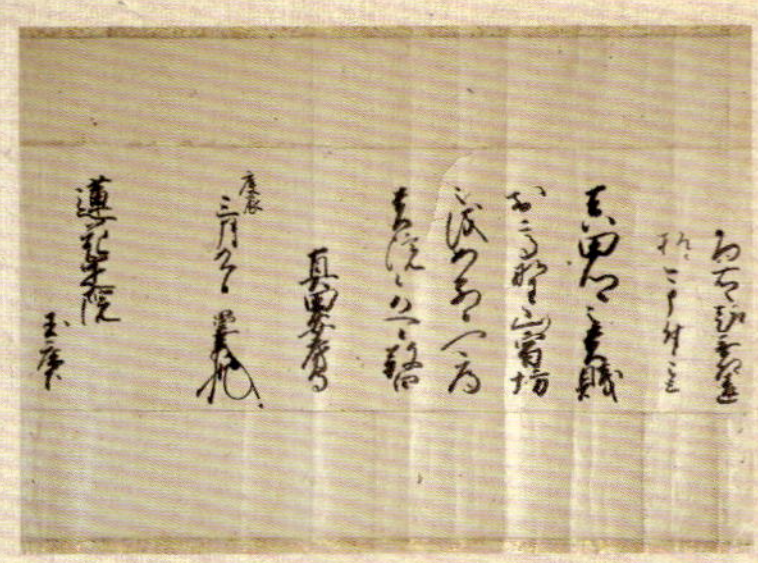

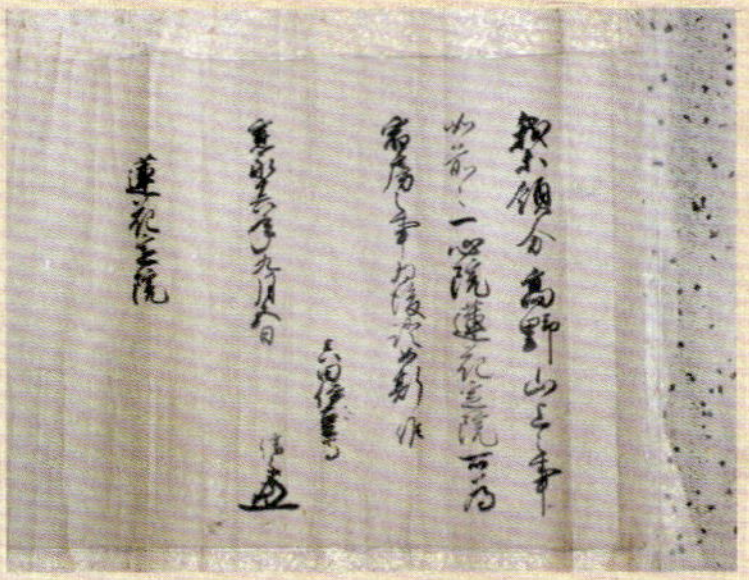

蓮華定院との間に取り交わされた昌幸（上）と信之（下）の約状（蓮華定院蔵、レプリカ）

信州のビュッフェスタイル

里山一望のゲストルーム

●お申し込み・お問い合わせ
斎藤ホテル
BADEN COURT HOTEL SAITO
〒386-0323 長野県上田市鹿教湯温泉1387
0120-311-079

一五）の夏の陣にて戦死されました。

信幸公は父に由来する幸の字を之に改め、元和八年に上田から松代に移られ、上田城には仙石忠政がはいることとなりましたが、寛永十六年（一六三九）に信之公からも宿坊の契約を賜り、以後当主が交替する毎に、高野山から使者が伺い契約の更改が行われました。

なお上田城主は宝永三年（一七〇六）に松平忠周となりましたが、仙石、松平両氏の元でも、佐久・小県両郡の僧俗は、高野山参詣には蓮華定院を宿坊とすることが明治まで続きました。従って当院には高井・埴科・更級・水内・小県・佐久の各郡ごとの詳細な過去帳が残されており、かつて当院で供養した人の名が記されています。供養の証文を保管している方々から今でも、過去帳と照合させてほしいという依頼があります。

江戸末の火災によって焼失した当院の再建にも信州の皆さんの援助を賜りましたが、本堂は小県一郡で、庫裡と山門は他の郡の助力によると伝えられています。ちなみに現在の堂宇は、万延元年（一八六〇）に完成したものです。

信濃からはるか離れた地で、蓮華定院も信濃の歴史とともに生きてきたのです。

上段の間前の廊下と中庭の庭園。奥に本堂が見える。上段の間の奥は一段高くなっており、殿様が座る場所とされる。廊下の陰影との対比が美しい中庭は、寺創建当時から伝わるもの。昌幸・幸村父子もこの清々しい庭園を眺めたのかもしれない。本堂前の庭の白砂には、毎朝住職が阿弥陀如来を表す梵字を大きく書く。

信州上田の地酒

若林醸造

岡崎酒造

沓掛酒造

信州上田の
恵まれた
自然環境を活かし
とことん素材に
こだわった
逸品の数々。

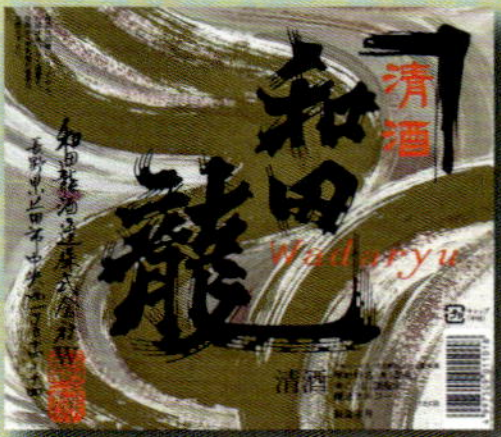

和田龍酒造

山三酒造

三井酒造

信州銘醸

疾風六文銭

幸村、大坂城で奮戦

真田幸村略年譜

永禄10年（1567）幸村（信繁）出生。

天正13年（1585）第一次上田合戦を前に昌幸は上杉に従い、幸村は証人として越後に送られる。

天正15年（1587）この年幸村、秀吉に証人として出仕か。

天正18年（1590）小田原の役に昌幸らと参戦。

慶長3年（1598）秀吉が没する。

慶長5年（1600）昌幸とともに上田城で徳川秀忠の大軍を迎え討ち、釘付けに。関ヶ原で西軍が敗れ、高野山に配流。

慶長19年（1614）豊臣方の挙兵に応じ、九度山を発ち大坂城に入る。真田丸を築いて活躍、徳川方を破る（大坂冬の陣）。

慶長20年（1615）大坂夏の陣で家康の本陣に迫る奮戦の後、戦死。大坂城は落ち豊臣氏滅ぶ。

（出生年については、永禄11年説、13年説もある）


高野山に流されていた真田幸村（信繁）は、慶長十九年（一六一四）に徳川家康と豊臣秀頼の激突を前に大坂城に入る。冬の陣、翌年の夏の陣で幸村は大活躍。「日本一の兵《つわもの》」とうたわれ、後世に名を残し、数々の伝説を生み出すヒーローとなった。

父祖の血を引き

真田幸村（信繁）画像（上田市立博物館蔵）。勇猛の将として知られるが、兄信之によれば、幸村はもともと温和な性格だったという。そんな面影がしのばれる画像である。

真田幸村（信繁）は昌幸の次男。永禄十年（一五六七）生まれとされるが、実際は同十三年生まれの可能性が高い。兄信之（信幸）とは違った人生を歩んだ。

天正十三年（一五八五）の第一次上田合戦で昌幸は、徳川軍に対抗して上杉景勝と同盟（従属的だが）を結んだ。このおり昌幸は次男幸村を上杉の家臣という名目で越後へ送ったが、合戦には幸村も上田へ帰って加わったと伝える。

豊臣秀吉が天下をとって以後、幸村も秀吉に出仕。慶長五年（一六〇〇）の関ヶ原の戦いを前に、昌幸とともに西軍に味方をして上田城にこもり、徳川の大軍を釘づけにした。そして父子ともに高野山・九度山に配流の身となる。幸村は働き盛りの三四（または三一）歳だった。

昌幸の死後、その従者の多くが上田に帰り、幸村の生活はさびしくなる。故郷からの仕送りも減ってしまった。それでも幸村は焼酎を愛し、連歌《れんが》をたしなむなど、苦しい中でも配所の生活を楽しんでいたようすが、今に残るいくつかの手紙左京宛幸村書状（年次不詳蓮華定院蔵、レプリカ）。「此のつぼにしやうちう御つめ候て給はるべく候。今程御座なく候はば、次で御座候折節、頼み入り申し候。御むつかしく候共、口能く御つめ其の上御はり候て給はるべく候…」と焼酎を無心している。壷を送るから、口をよく詰め、密封して送って下さい、というのである。幸村の率直な人柄がうかがえる。

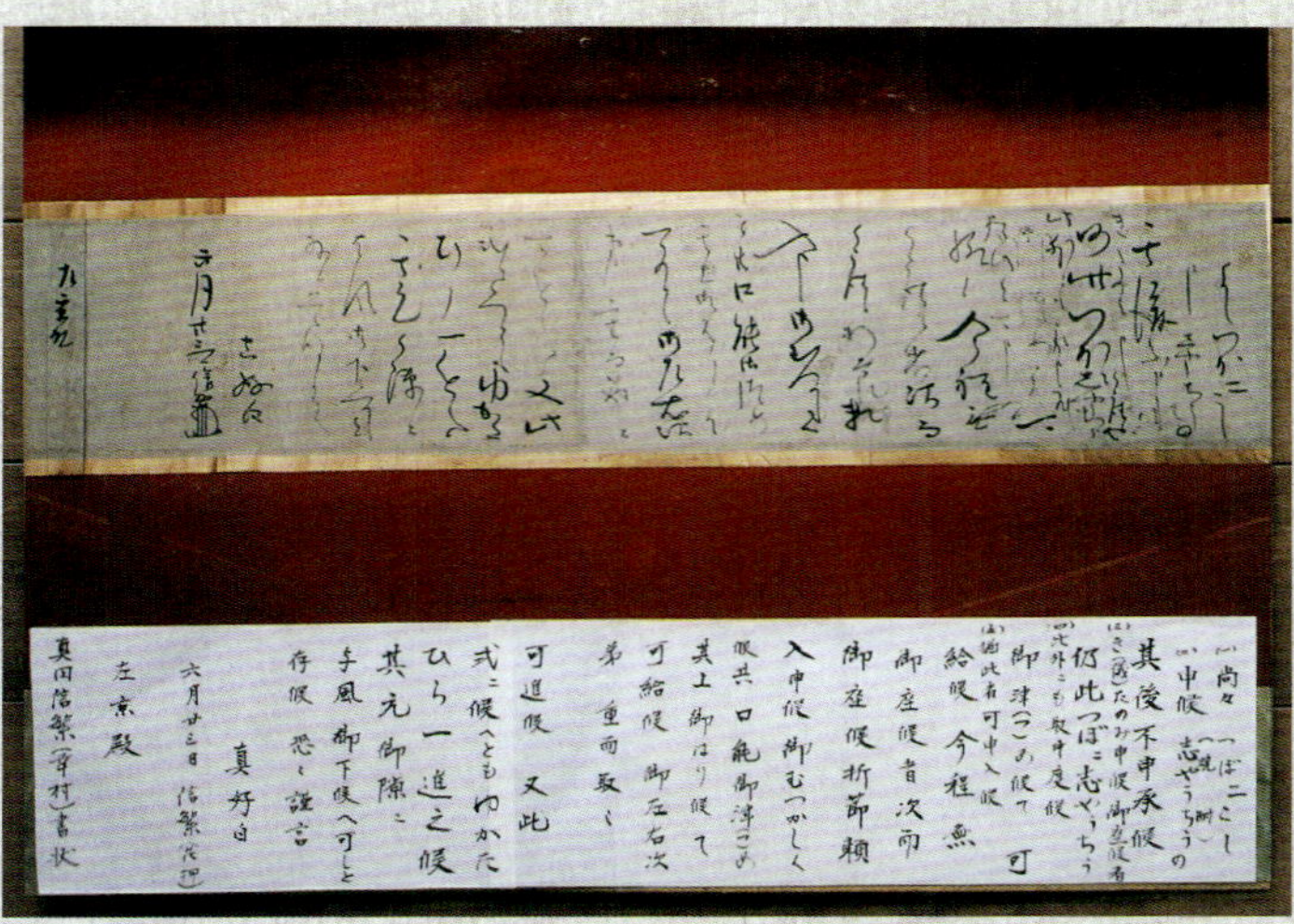

真田紐。丈夫な織紐で、昌幸・幸村たちが九度山で内職して全国に販売したという。

蓮華定院宛幸村書状（同上）。祭り見物に誘われたが、腹痛（腹中相煩）のため行けません、という内容。外出もできたのである。

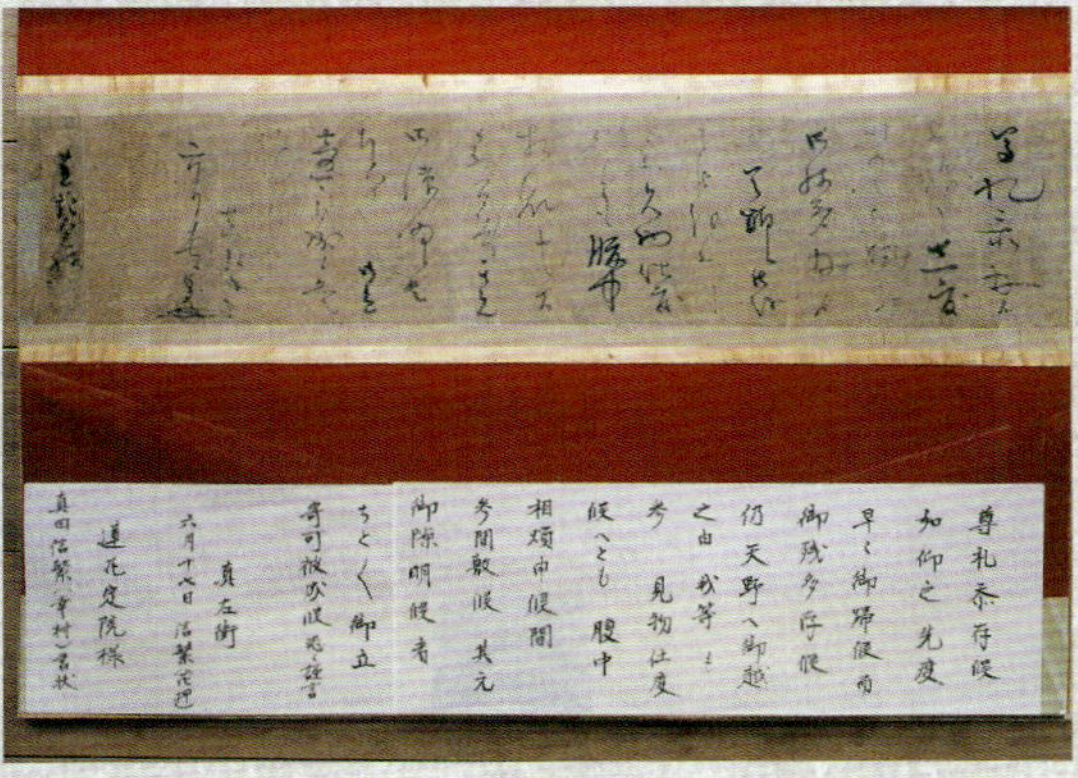

でわかる。そこには幸村の飾らない人柄がにじみ出ている。

なお、昌幸・幸村父子の九度山の暮らしについては、後世に伝えられたいくつかのエピソードが残る。――内職として丈夫な「真田紐《さなだひも》」を作り、これを従者が全国に売り歩いた。再起のために各地の情勢を探らせたのだという。直後に活躍する幸村の、潜伏する間の戦略や才覚をたたえるものが多い。

真田庵に伝わる器（真田庵蔵）

そこには、祖父幸隆と父昌幸の、小身ながら大勢力の間を巧みに生き、意地を張り通した生涯を重ねる見方をする人が多かったことを表していよう。幸村は、父祖の血を引いた豪傑として描かれていく。

九度山脱出

紀ノ川（和歌山県）。九度山村を脱出した幸村は、この川を渡って大坂城へ向かった。このあたりを領する浅野氏は、昌幸・幸村に特別な好意をもって接したと言われている。幸村の行動を見のがしていたのかもしれない。物語を秘めた大河が今も悠々と流れる。

江戸幕府を開いた徳川家康は、秀忠に将軍職をゆずった後も大御所として実権を握り続ける。全国の諸大名を統轄して外国貿易に乗り出す一方で、キリスト教禁止の方針を打ち出すなど、治政の基礎を固めていった。

そして以前から目ざわりだった、豊臣秀吉の遺子秀頼を排除すべく動き出す。

家康は慶長十九年（一六一四）七月、京都方広寺の鐘の銘文をめぐって秀頼に難癖《なんくせ》をつけ、ついに十月には大坂城攻めの兵を起こす。

大坂城では十月一日に軍議が開かれ、幕府に対する挙兵が決まった。さっそく豊臣恩顧の大名たちに応援依頼の使者を立てるとともに、諸国の浪人を集め始める。大名はすべて応援を断わったが、集まる浪人は十万人に達したという。

真田幸村のもとへも入城勧誘の使者が訪れた。秀頼からは当座の手当金黄金二百枚などが用意され、五十万石を約束する厚遇が示されたという。幸村はこれを承諾し、長子大助をともなって十月九日

蓮華定院上段の間。古くから東信濃の人々と深い関係のある寺で、多くの佐久・小県関係の貴重な中世文書や幸村の書状（2通）も伝わる。

真田庵。幸村はここから脱出して大坂へ向かう。

昌幸が生前に納めた自分の位牌（蓮華定院蔵）

九度山を脱出する。関ヶ原の戦いの後に蟄居を命ぜられて以来十四年の歳月が流れ、四八（または四五）歳になっていた。

出発に際し幸村は、近隣の農民たちを招いて大振舞を催し、皆が酔いつぶれたすきに脱け出したともいわれる（「武辺咄聞書」）。しかし実際には、九度山付近の村々から何人もの地侍が随行しており、幸村は近辺の地侍や農民たちと友好的な関係にあったと推測されている。

十月十四日に大坂城に入った幸村は、豊臣方に名だたる武将が少ない中で、有力な指揮官として才能を発揮することになった。

冬の陣、真田丸で大勝利

大坂城の作戦会議では幸村の主張は容《い》れられず、籠城に決まった。城のまわりにはいくつかの砦が設けられた。幸村は城の惣構《そうがまえ》の南外側に急いで砦＝出丸《でまる》を築き、独自の戦闘体制を作る。

これは「真田丸」と呼ばれ、徳川軍の南方からの総攻撃に備えたもの。空堀や柵《さく》で堅固に固めた。幸村ひきいる手勢は六千名、真っ赤な軍装とのぼり旗がよく目立ち、「赤備え」と称された。

十一月には徳川方が攻め立て始め、豊臣方のいくつかの砦が落とされる。残ったのは真田丸ただ一つ。十二月四日未明、徳川軍の先鋒が真田丸に攻撃を仕掛けた。徳川方の大名たちの部隊は先を争って真田丸に接近。統率のとれないまま空堀に突入したため、真田隊の上からの弓矢・鉄砲の的にされて多数が死傷し、前進も後退もできなくなった。そこへ大助らの突撃隊が襲撃し、白兵戦でも真田勢が圧倒した。

この状況に家康は何度も撤退命令を出し、ようやく夕方になって徳川方は兵を引いた。激戦の結果、徳川軍の損害は甚大だったが、大坂方は軽微なものに終わる。明らかに城側の大勝利であり、その中心は真田幸村だった。

戦いをまじえながら家康は、早くから和睦交渉を進めていた。真田丸での戦闘以後は小ぜりあいが続く中、城内では和戦両論の議論がかわされた。十二月十六日、徳川方の撃った大砲が天守閣に命中。これにおびえた淀君たちの意向に押され、大坂方は和睦を受け入れる。二十二日には講和が成立し、両軍は対立を解いた。

講和の条件として家康は、外堀を埋めることを要求。十二月二十七日から工事

真田幸村勇戦之図（歌川芳虎画・上田市立博物館蔵）

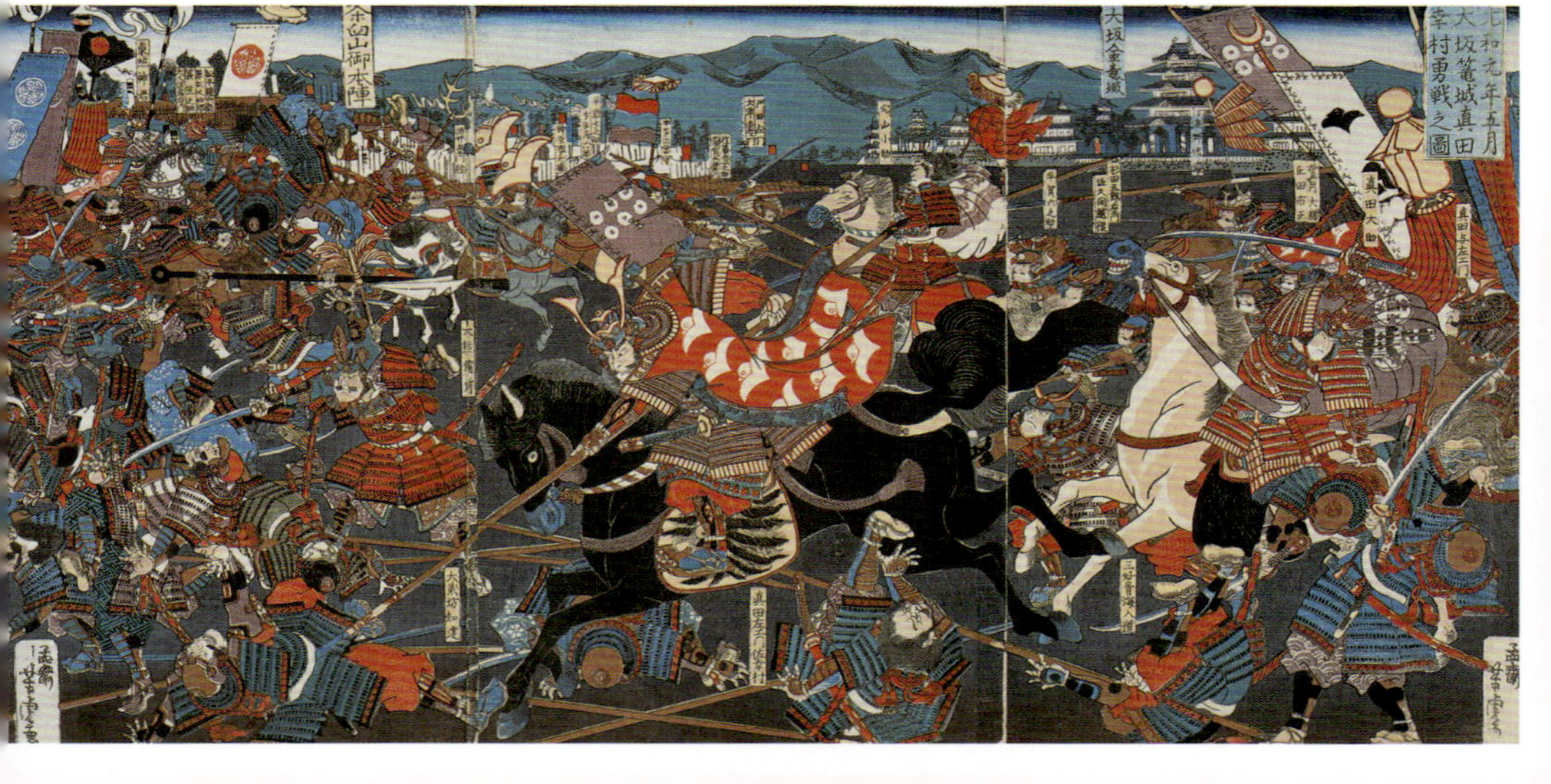

を開始し、外堀から二の丸・三の丸の堀まで一挙に埋めてしまった。城側の抗議を無視し、既成事実を作ったのである。大坂城は本丸だけの、裸の城にされてしまった。

　幸村は大坂方で随一の働きをしたことで目をつけられ、和睦前にも徳川方から何度も勧誘工作がなされた。十万石を与える、などの好遇が示され、信濃一国を与えてもよいから味方しないか、とも言われたという。幸村は結局勧誘に乗らず、意地を通した。

　家康の策略は着々と進められたが、大坂城にはいっときの平和が訪れた。

　幸村はこの間、戦地で旧知の人々と交流し、故郷の縁者にいくつもの手紙を書いた。そこには大坂城の内情や、自身の覚悟の心情などが簡潔に語られていて興味深い。

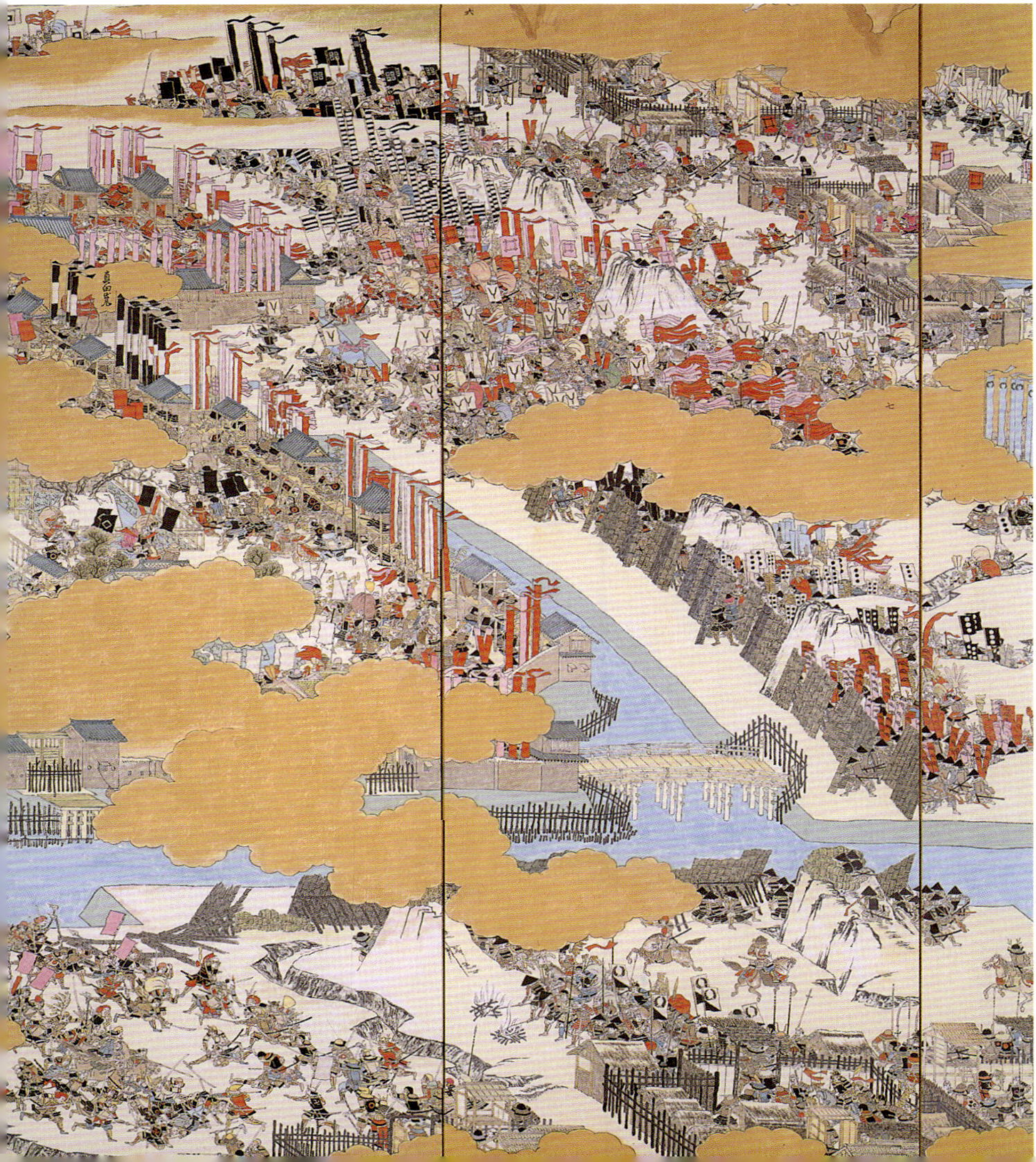

大坂冬の陣図屛風右隻5・6扇（部分）　左上が真田丸の戦い（大阪城天守閣蔵）

夏の陣、家康を追いつめる

慶長二十年（一六一五）に入ると家康は、大坂方を策略によって窮地に追い込む。三月から四月にかけて交渉は決裂。大坂城は再び合戦の準備を始めた。これを見て家康は十五万余の大軍を進撃させる。

大坂城は天守閣だけの丸裸となったため、籠城ではなく野戦を強いられた。

五月六日、大和口（奈良街道）の道明寺で両軍は激突。大坂方は先陣の後藤又兵衛らが早々に敗れてしまい、後続の真田幸村・大助隊が孤軍奮闘する。赤一色の真田隊は伊達政宗隊を襲撃して戦果をあげ、徳川軍を食いとめた。しかしもう一方の河内口での戦いで大坂方が大敗したため、幸村らも退却せざるをえなかった。

五月七日正午、城の南方茶臼山を中心に、両軍入り乱れての戦闘が始まった。幸村は茶臼山に陣どり、大助ひきいる突撃隊が縦横に駈けめぐる。両軍とも前線では指揮系統がくずれ、圧倒的な軍事力の差に大坂方は退却を始めた。徳川方も

大坂夏の陣図屏風右隻3・4扇（部分）（大阪城天守閣蔵）

鉄二枚胴具足（伝真田幸村所用）（大阪城天守閣蔵）

真田六連銭の旗（上田市立博物館蔵）

先陣を争って隊列が乱れる。

幸村は最後の決戦に家康の本陣へ突入することを決意。大助には城中に戻って秀頼の側で生死を共にするよう命じる。みずからは残った真田隊全軍をひきいて家康本陣へ迫った。

家康の側近・旗本たちも激しい戦闘に巻き込まれて、本陣は手薄になっていた。そこへ幸村隊が突入する。家康は危険を察して後方へ逃げ、幸村は追撃。しかし戻ってきた旗本隊にはばまれ、家康の首を取ることはできなかった。

幸村は味方も粉砕されて散り散りになった後、田の畦《あぜ》で休んでいるところを敵兵に見つかって首を取られたという。孤軍奮闘の末の戦死であった。享年四九（または四六）だった。

日本一の兵《つわもの》

錦絵『日本略史図』の内「真田左衛門幸村」（大阪城天守閣蔵）

大坂城は五月七日夕刻、天守が燃え上がって陥落、徳川軍が制圧した。秀頼と淀君は八日に自害、大助も殉死する。ここに豊臣家は滅亡し、家康の天下平定が完成した。望みを果たした家康は、一年後に病没している。徳川による安定した政権が、長く続くことになった。

大坂冬の陣・夏の陣における真田幸村の活躍は、多くの徳川方の大名たちからも高く評価された。

「真田幸村十文字の鎗《やり》をもって大御所を見掛け戦わんと心懸けたり、大御所とても叶はずと思《おぼ》し召し、植松の方へ引き退《の》き給う」（『本多家記録』）

「三方ヶ原にて一度御旗の崩れ申すより外、あとさきの陣《いくさ》にも御旗の崩れ申す事なし」（『三河物語』）

「五月七日に御所様の御陣へ真田左衛門仕かかり候て、御陣衆追いちらし討ち捕り申し候、御陣衆三里ほどづゝにげ候衆は皆々いきのこられ候、三度目に真田も討ち死にて候、真田日本一の兵《つわもの》、いにしへより物語にもこれなき由」（『薩藩旧記

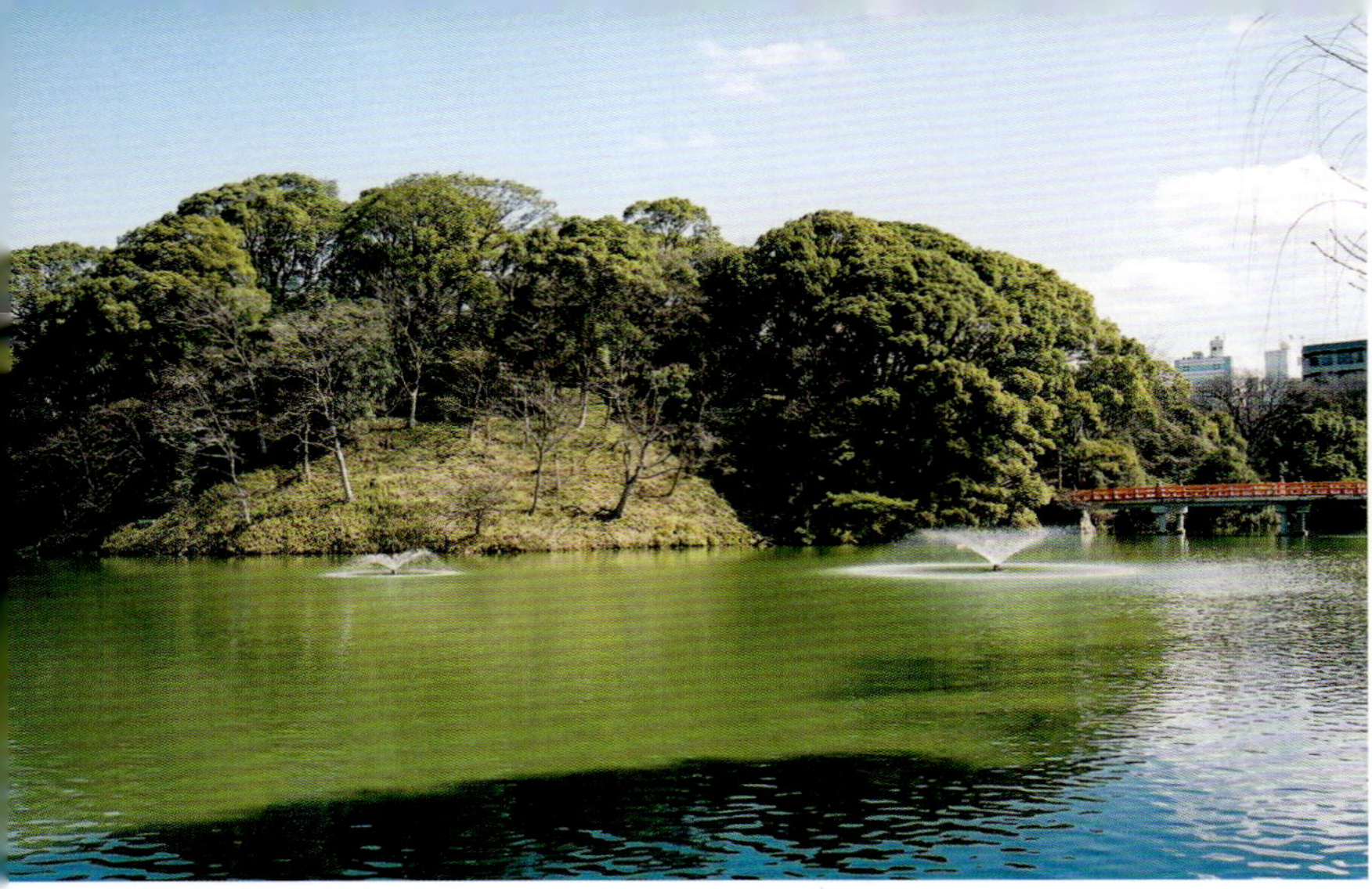

茶臼山（大阪市天王寺区茶臼山町）。大坂冬の陣では家康が本陣を張り、夏の陣では幸村隊が最後の決戦に備えて陣を構えた。決戦の日、真田の赤備えが家康軍めがけて突撃していった。

『大坂物語』「奮戦する幸村」（大阪城天守閣蔵）

雑録』）

家康の本陣がつき崩されたのは、武田信玄に敗れた三方ヶ原の戦い以来のことだ、とか、いにしえより聞いたこともない見事な働きぶりだ、と激賞されている。幸村の活躍が敵味方の区別なく知れわたり、後に国民的英雄として人気を集め、さまざまな伝説が生まれていくことになった。

安居神社（大阪市天王寺区逢坂）。家康を追いつめた幸村は、この近くで力尽きたと伝えられる。

「真田幸村と大坂の陣」
最後の瞬間まで幸村は勝利を求めて戦った

大阪城天守閣館長 **北川 央**

安居神社境内の真田幸村銅像（2009年建立・大阪市天王寺区）

二〇一四年は慶長十九年（一六一四）の大坂冬の陣から四百年に当たり、一五年は大坂夏の陣から四百年を迎えた。大坂冬の陣・夏の陣をあわせて「大坂の陣」と呼ぶが、この「大坂の陣」で最も活躍した豊臣方の武将が真田幸村（信繁）である。

幸村の大坂の陣での活躍について、一般には、豊臣家から受けた厚恩に報いるため、負けるのを承知で大坂城に入城したとか、紀州九度山で流人のまま朽ち果てるのを嫌い、死に場所を求めて大坂城に入った、などと説明される。しかし、果たしてそうであろうか。

こうした説明がなされる背景には、秀吉死後の豊臣家に対する誤解がある。

慶長三年八月十八日に秀吉が亡くなると、二年後の慶長五年九月十五日に関ケ原合戦が起こり、徳川家康率いる東軍が石田三成ら西軍相手に勝利。家康は三年後の慶長八年二月十二日に征夷大将軍に就任し、幕府を開く。この日から「江戸時代」になり、徳川幕府のもと、豊臣秀頼は摂津・河内・和泉の三ヶ国六十五万石余を領する一大名に転落したとされてきた。

しかし、実際には、関ケ原合戦は、家康も三成もともに、豊臣家のため、秀頼様のため、という大義名分で戦ったのであるから、家康が勝利したところで、秀頼の立場に変化はなかった。事実、関ケ原合戦に勝利した家康は大坂城で秀頼に拝謁し、戦勝報告を行なっている。

家康の将軍就任についても、過大評価されてきた。

家康が将軍になる直前、朝廷では秀頼を関白に、家康を将軍にすることが内定していた。この情報を耳にした毛利輝元や醍醐寺三宝院門跡の義演は「めでたき御事」「珍重珍重」と喜んでいる。

これよりして家康が就任した当時の将軍は、のちのそれとは違い、絶対的なものではなく、

大坂城へ引き揚げる途中で真田幸村が戦勝を祈願し、六連銭紋の軍旗を奉納したと伝える志紀長吉神社。（大阪市平野区）

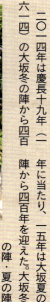

秀頼の関白と並存し得るものであったことが知られる。もちろん関白の方が将軍より遥かに上位である。

秀吉は生前、公家の家格を使って大名を序列化した。公家の最高の家格は「摂関家」で、この家格は近衛・鷹司・九条・二条・一条の五家であったため、「五摂家」と通称された。豊臣家はこれに並ぶ武家で唯一の「摂関家」となったのである。

「摂関家」に次ぐ公家第二の家格が「清華家」で、摂政・関白にはなれないものの、太政大臣まで昇進可能な家柄であった。久我・転法輪三条・西園寺・徳大寺・菊亭・花山院・大炊御門の七家がこの家格であったため、「七清華」と称された。徳川や毛利・上杉・前田といった豊臣政権の大老たちはこの「清華家」に列した。

こうした家格は秀吉死後も有効であったから、家康や秀忠が将軍になろうと、変わらず豊臣家の方が格上であった。幼少であったため、慶長八年の際は見送られたものの、「摂関家」の当主である秀頼はいつ関白になってもおかしくない存在であった。

秀吉は亡くなるにあたって、天下の政治を家康に委ねた。家康は、この秀吉の遺言にしたがい、政治を行なったのであるが、秀吉の遺言には「秀頼が成人するまでの間」という条件が付けられていた。大坂冬の陣の時点で秀頼は二十二歳、もうその時が来ていた。

当時、日本と交易していたスペイン・ポルトガル・オランダといったヨーロッパ諸国も豊臣秀頼こそが「日本の正統な皇帝である」との認識を示し、「大名や庶民の多くが秀頼に心服し、秀頼が皇帝の座に就くことを望んでいる」と記している。

一方、二代将軍の秀忠は「諸大名から嫌われているので、家康が亡くなると、秀忠も滅びるであろう」とみられていた。

聖ドミニコ会宣教師オルファネールは、「家康が自ら出陣しなければ、諸大名は秀頼に好意を示しているので、秀忠が負けるのは確実」とまで記した。これが大坂の陣当時の実状だった。

こうなると、幸村の大坂入城や大坂の陣での戦いぶりについても、考えを改めざるを得なくなる。

慶長二十年五月七日、大坂夏の陣最後の決戦で、幸村は三度にわたって家康本陣に突撃を繰り返し、家康をあと一歩のところまで追い込んだ。家康さえ討てば、徳川の大軍は総崩れになると考えての行動だったに違いない。

死地を求めるどころか、幸村は、最後の最後まで勝利を求めて必死に戦ったのである。

玉造稲荷神社境内の豊臣秀頼銅像
（2011年建立・大阪市中央区）

■写真提供／北川央氏

御祓い祈願・御札・御守・ほか参拝記念

歴代城主合祀

上田城 本丸 鎮座

眞田神社

創刊号
1988年4月2日発行

1374号
2015年11月28日発行

週刊上田は1988年4月、生活情報紙として創刊されました。
以来、私たちが皆様のご家庭に旬の情報をお届けしています。

- 戸倉新聞販売店 ☎026-275-0152
- 坂城新聞販売所 ☎0268-82-2062
- 寺島新聞店 ☎0120-74-8011
- 信毎販売センターふれあいネット東御営業所 ☎0268-62-0118
- 岩下新聞店 ☎0267-58-2260
- 赤沼新聞店 ☎026-275-1780
- 東郷堂 ☎0120-24-7205
- 佐藤新聞店 ☎0120-400-365
- 島田新聞店 ☎0267-22-8546
- 今井新聞店 ☎0267-53-2411

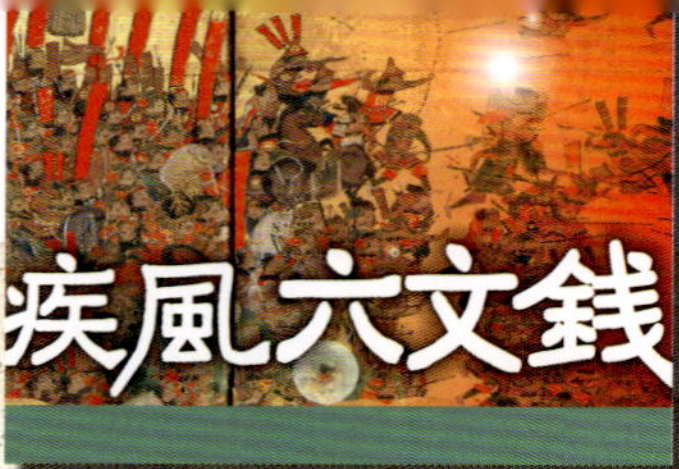

十勇士伝説

大坂城の戦いで幸村が活躍した話は、江戸時代に多くの伝説を生み、庶民のヒーローとして人気を博した。さらに明治時代以降、「立川文庫」によって真田十勇士が広く知られるようになり、根強い人気が続いていく。

講談

真田十勇士

三猿舎雀翁口演

永禄十年、真田昌幸公の側室の一人が男の子を生む。源二郎君、後の幸村公でございます。同じ日、同じ時刻に横沢村の水車小屋でも男の子が生まれる。十番目の子で名を十蔵とつける。真田家を継いだ昌幸公、この話を聞いて何かの縁と引き取って若君と一緒に育てさせます。水車に因んで名字は「筧」。同じに育てると似てくるものか、二人は双子のように瓜二つ。天正十一年、上田城が築かれて二人とも城中に移ります。

二人より二歳ほど年上で、この時召しかかえられたのが海野六郎。海野家は元来真田家の本家筋にあたりますが天文十年、武田・諏訪・村上の挟み撃ちにあって滅亡。逃れて京へ上った海野の一族幸久と遊び女との間に生まれたのが六郎で、上田城築城と聞いて遙々と信州へ下り昌幸公の小姓となっていた。

もう一人、四、五歳年下の可愛い少年が居りました。重臣祢津宮内の末っ子で甚八、今風に言いますと城内のペット的存在。築城二年後の天正十三年、徳川の大軍が上田城へ攻め寄せる。

角間川の清流（上田市真田町）。

いわゆる上田合戦でございます。昌幸公は敵が二の丸の塀に登るまで櫓の上で祢津宮内を相手に悠々と碁を打っている。しかし甚八は初めての戦い、ひたすら父の後ろで震えているばかり。軍《いくさ》は真田方の大勝利に終わりますが、以後、城内の人々の甚八を見る目は何となく冷たい。思い余って上田を出奔、諸国を巡って武術の修行、めきめき腕をあげる。殊に鎖鎌をとっては天下無敵、しかし仕官の伝手《つて》もなく、京は三条河原の女歌舞伎の小屋の用心棒をしております。

ある日、歌舞伎踊りの最中に鎌十字の槍を振りまわして暴れ出した浪人者がいた。甚八と河原で睨みあいになる。止めに入りましたのが幸村公について京へ上っていた海野六郎。甚八とは上田城で一緒に暮らした仲。さて槍を振りまわした浪人、名は由利鎌之助。祖父の代までは砥石城と神川をへだてた由利平《ゆりだいら》という所で半士半農の身分。村上義清に追われて故郷を離れ諸国を転々、行きつく先はやはり京の都。どういう縁をたどってか菊亭大納言のお屋敷へ下司奉公。その子、鎌之助の父にあたる人ですが、これが大変な美男子。ついに大納言の末の姫と不義密通、手に手をとって屋敷を駆落ちしたのですが、その時姫は懐胎の身。琵琶湖の北の荒れ寺で男の子を生みましたが馴れぬ苦労でそのまま儚《はかな》い最期。槍一筋を頼りに何とか幼子を育てていた父親も、鎌之助十五という年に、ふとした病で世を去った。話してみれば砥石城のゆかり、特に菊亭大納言と武田家、真田家とは浅からぬ縁。二人を連れた六郎は、幸村公の京の屋敷へ。早速お目見得されます。

幸村公の傍らには望月六郎、穴山小助が控えている。望月家は海野家・祢津家と並んで滋野三家とよばれる名門。先祖は滋野親王といい伝えられております。その一族が甲賀に移り住み、甲賀忍者の頭領となったという。武田に望月の地を追われた六郎の父は甲賀に身を寄せておりましたが、いずれは真田家に仕官するようにと遺言して亡くなった。六郎はその言葉どおり幸村公に仕えることになる。

さて小助は、武田の重臣穴山梅雪の子と名乗っているが真偽のほどはさだかでない。岩千代といった幼年時代から諸侯の間を転々としておりましたが梅雪が最後に武田勝頼を見限って家康の下に走ったというので、どこも居心地が悪くなる。結局真田昌幸公を頼ることになります。

角間渓谷は切り立った岩壁がつづく。猿飛佐助はここで自在に飛びまわって修行し、術を身につけたという。

その才能を見込んだ昌幸公、「軍《いくさ》ではない世渡りを教えてやってくれ」と京へ上る幸村公の供に加えたのでございます。

話変って信長公の時代、安土城に不思議な男が現れた。果心居士と名乗り怪しい術を使います。さしあたり天正のMr・マリック。信長公から賜った盃の酒を庭へあけると、これが川になる。盃を浮かべてこれに乗り姿を消したという。その後果心居士、信長をからかってやったから以後晩年はのんびり暮らそうと山中の温泉を求めて信州へやってくる。角間の湯が気に入って近くの戸沢に庵を結び、白雲斎と名乗って余世を送っております。ある日、角間の谷で岩から岩へ猿のように飛び移る少年を見かける。土地の樵の息子で名は佐助。その才能に目をつけた白雲斎、親に頼んで佐助を弟子にし、様々な術を教えます。

修行の様子を木立の間から見ていた一人の修験者、思わず「見事」と叫ぶ。この山伏、もとは加賀の白山の神職の子で名は才蔵。出羽三山へ修行に向う途中、角間の湯に立寄っていた。話してみれば白雲斎とは満更知らぬ仲ではない。勧められるままにこの地にとどまり、太郎山の山頂から谷へ下る霧を見て逆さ霧の術を会得します。白雲斎は才蔵に「霧隠」の名字を与え、二人に乾坤《けんこん》二巻の伝書を譲って更に山中深く身を隠し、その終わるところを知りません。

時代は遡って永禄十年、松永久秀は三好三人衆の立て籠る東大寺を攻めて火を放つ。炎の中からまだ乳飲み子の弟を背負って逃れた少年が居りました。比叡山を頼った少年は衆徒に加わり三好清海と名乗って大力無双、今弁慶とよばれます。元亀二年信長公の比叡山焼打ち。幼い弟ともはぐれ、やっとたどりついたのが信州別所温泉常楽寺。猿飛佐助にからかわれたのが原因《もと》

長い石段を登る岩屋観音。

で力と術との対決、仲裁に入った幸村公、二人は勿論、才蔵をも召し抱えることになります。一向一揆と共に石山本願寺に居た清海の弟伊三も兄を訪ねてやってきて真田家に仕え、ここに真田十勇士がそろって徳川秀忠の大軍をなやますという。

　上田城籠城の折の十勇士の活躍はさておき昌幸公・幸村公高野山蟄居の間も十人は陰に陽にお仕えしております。穴山小助は来る日に備えて真田紐を売ることを思いつく。望月六郎は諸国を巡って世の動きを伝えます。

　さて慶長十九年東西手切れとなり幸村公は迎えられて大坂城へ入る。もちろん十勇士も従います。

　一度は調った和議も忽ち破れ大坂夏の陣。慶長二十年の五月六日、明日は最後の戦いと心を決めた幸村公のもとを密かに穴山小助が訪ねます。

「残念ながらもう徳川の天下を覆すことは出来ません。この上は私は江戸に入り込み、かの地に幕府に負けぬ別天地を築いてみせましょう」

　独り東を指して旅立ちました。後に相州浪人庄司甚右衛門と名乗って幕府に近づき遊里吉原の生みの親になった人物こそこの小助であったとか。しかし、これは後のお話。

　五月七日、いよいよ家康本陣をめざして攻めかかろうという時、幸村公は伊三入道を呼んで一通の書状を渡し

「秀頼公はおそらく糒《ほしい》倉に身をひそめておわそう。お側には倅大助もつき従っていよう。最後の秘策を書いたこの文を渡してくれ」

　伊三は徳川軍の囲みの中をかいくぐりましたが、あと一歩で糒倉という所で流れ弾に当って最期をとげました。

　霧隠才蔵は夜陰にまぎれて家康の本陣にほど近い松の大木の枝に座をしめる。幸村公の一隊が本陣に向うと見るや得意の逆さ霧の術を使う。霧にまぎれて幸村公とつき従う勇士達、家康の旗本へ迫ると見えた時、松の上の才蔵を見つけた徳川の忍者服部半蔵、手裏剣を打つ。術に精神を統一していた才蔵の首の後ろに立った。松の枝より真っ逆様。術が破れ霧が晴れてしまったから越前の軍勢、一度に真田隊に討ちかかる。祢津甚八、海野六郎、望月六郎、由利鎌之助は乱軍の中に討死、殿《しんがり》を務めていた猿飛、清海は囲みを破って逃れ去る。幸村公は安居天神の境内で西尾久作に討たれました。

　戦場を逃れた猿飛と清海、とある橋の下に隠れて城へ向う家康を急襲しますが残念ながら影武者だった。甲賀忍者に囲まれた猿飛佐助は淀川の水底深く沈み、ついに浮びあがることはなかった。清海入道は手馴れた鉄棒を風車の如く振りまわし一方に血路を開いて何処ともなく姿を消しました。

　ただ一人、消息のわからな

渓谷の中にひっそりと立つ角間温泉。

かったのが筧十蔵。安居天神で討たれたのは幸村公ではない。筧十蔵。真の幸村公は秀頼君を守って薩摩の島津を頼って落ちたと後に人々の間でささやかれたものでございます。

幸村公の兄信之公が上田から松代へ移されてしばらくたった頃、お城をはるかに眺める山の中に小さな庵が結ばれ、身の丈人に勝れた老僧が朝夕念仏を唱える姿が見えました。真田氏に替って上田城の主となった仙石氏の家来の中に

「あの僧は、たしか以前戦場で見かけたことがある。真田十勇士の一人三好清海入道に違いない」

という者がありましたが、それきりになりました。戦乱の世はもう遠い時代になっていたのでございます。

正史のどこを繙《ひもと》いても十勇士の活躍は出てまいりません。しかし真田一族の活躍の陰には人に勝れた才能を持つ勇士が居たに違いない。徳川幕府に気を遣う必要がなくなった明治時代、そんな民衆の心が立川文庫真田十勇士の活躍という大きな花を開きます。十勇士は民衆の心の中に生まれ、民衆に育てられた英雄豪傑達でございます。

絵／三猿舎雀翁

真田十勇士

大坂城の戦いで幸村が活躍した話は、江戸時代に多くの伝説を生み、庶民のヒーローとして人気を博した。さらに明治時代以降、「立川文庫」によって真田十勇士が広く知られるようになり、根強い人気が続いていく。

穴山小助●あなやまこすけ
頭がよく槍の達人。幸村とよく似ていて、影武者となり身がわりとして討ち死にした。

由利鎌之助●ゆりかまのすけ
鎌十字槍の名手。穴山小助との一騎打ちで生け捕りにされ、以来幸村に従う。

筧十蔵●かけいじゅうぞう
鉄砲の名手。冬の陣・夏の陣では鉄砲隊をひきいて活躍、家康を狙撃した。

海野六郎●うんのろくろう
十勇士のまとめ役。智略で家康を悩ます。滋野一族のうちの海野氏の一門。

根津甚八●ねづじんぱち
祢津ともいい、やはり滋野系の名門の出。幸村の影武者となって討ち死にした。

望月六郎●もちづきろくろう
こちらも滋野三家の流れ。早くから昌幸父子に従い、幸村の側近として知謀をふるった。

猿飛佐助●さるとびさすけ
甲賀流忍術の名人、十勇士の中では筆頭格。大泥棒・石川五右衛門と術を競ったこともある。角間渓谷の絶壁は、佐助が忍術の修行をしたところと伝えられる。

霧隠才蔵●きりがくれさいぞう
伊賀流忍者、あっと驚く忍術を使う。上田の太郎山で霧隠れの術を、神川の千古の淵で水遁《すいとん》の術を身につけたといわれる。

三好清海入道●みよしせいかいにゅうどう
六尺豊かな大男、怪力の持ち主。筋鉄《すじがね》を打った太い樫の棒を振りまわして戦う。

三好伊三入道●みよしいさにゅうどう
清海入道の弟。やはり大男で怪力の持ち主。大坂夏の陣では大奮闘する。

※本欄の真田十勇士紹介は立川文庫などを参考にまとめたもので、講談「真田十勇士」とは連動していません。

さまざまな伝説

大坂冬の陣・夏の陣での幸村の奮闘ぶりは事実だったが、直後には幕府に遠慮して、あまり語られなかった。それが太平の世が続いて、少しくらい徳川の悪口を言ってもとがめられなくなり、いくつかの物語が生まれてくる。

その中で江戸時代中ごろの作といわれる『真田三代記』は特に人気があり、広く普及して幸村の声価が一段と高まった。幸村は六人の影武者を使って神出鬼没、家康を悩ませ、最後に秀頼を連れ大助を従えて鹿児島へ逃れた、というストーリーである。

この本は太閤（豊臣）びいき、徳川嫌いの大坂の庶民に大いに受けた。また講談師たちによって語られ、話は全国に広められる。同じような内容の本がいくつも出版され、幸村の超人的な活躍ぶりがすっかり定着する。

『真田三代記』には、穴山小助・由利鎌之助・三好清海入道・三好伊三入道・海野六郎・根津甚八が登場している。後の真田十勇士が生まれる元になっていたと言えよう。海野・祢津（根津）など信濃の名門の苗字を使って、もっともらしい人物像が描かれた。

明治時代の末に大阪の出版社から出た「立川文庫」では、改めて幸村人気が復活。次々とシリーズで十勇士が紹介され、ベストセラーになった。猿飛佐助以下のメンバーが個性豊かに活躍し、庶民の喝采《かっさい》を博した。十勇士伝説がすっかり定着したのである。

幸村の奮闘ぶりがヒーロー伝説を生み、数々の読みものとなって多くの人々に親しまれている。（上田温泉ホテル祥園蔵）

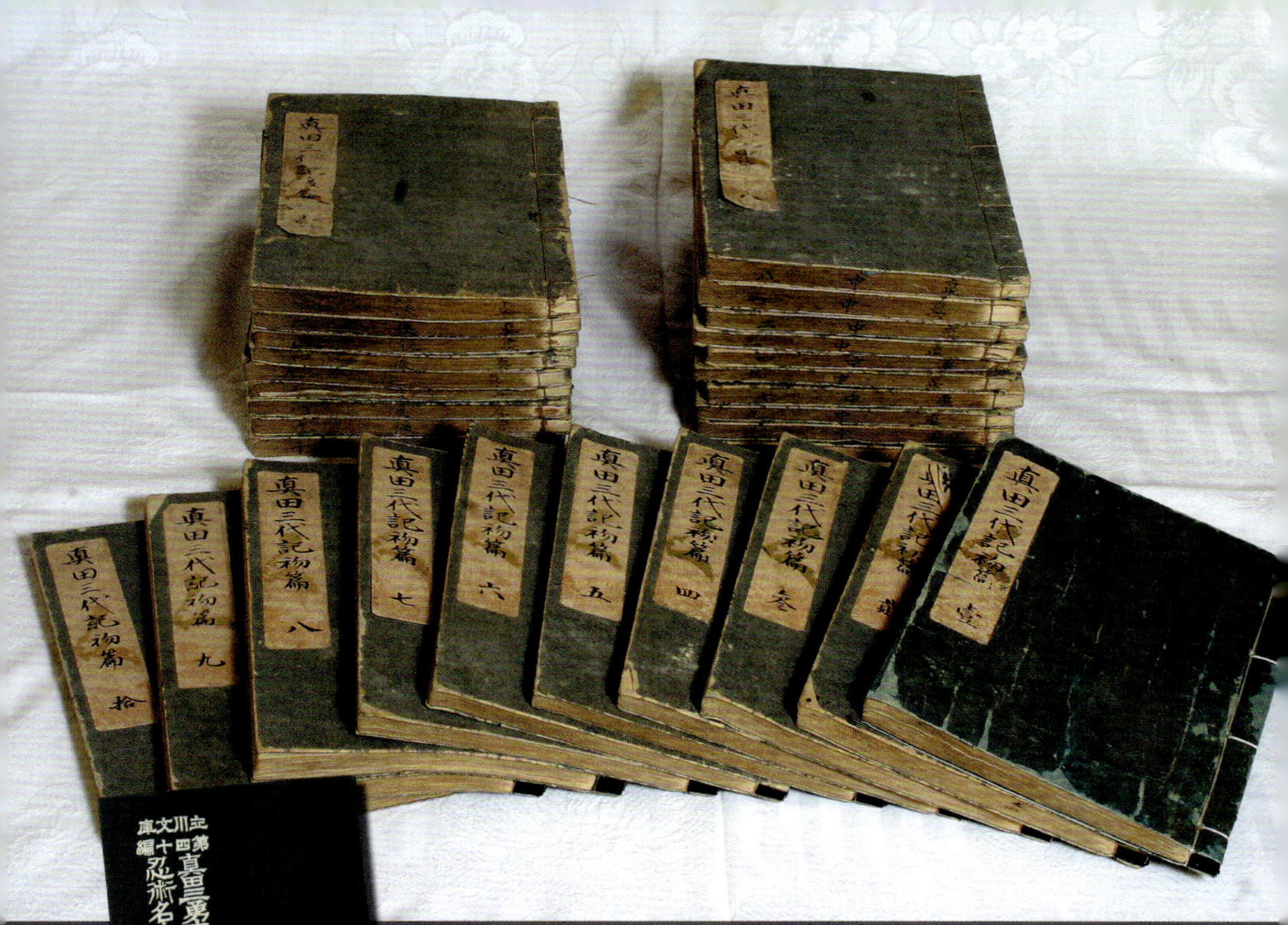

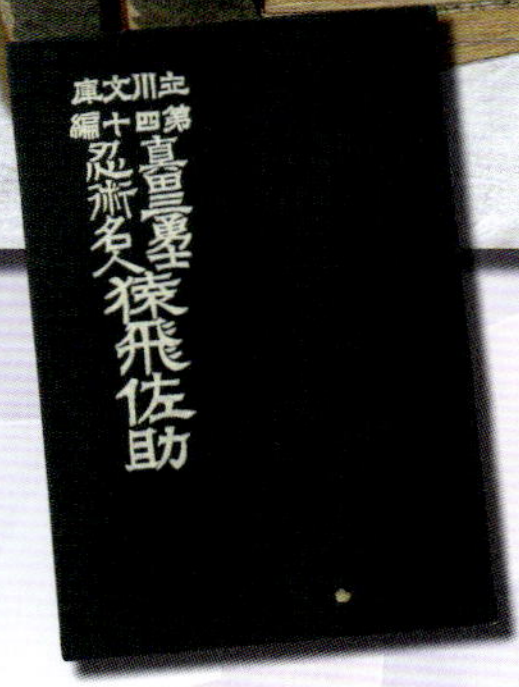

(上)『真田三代記』(上田温泉ホテル祥園蔵)。江戸時代にたいへんよく読まれた本で、特に幸村の活躍を生き生きと描く。後の十勇士たちの名前も、この本に出てくる。
(左)立川文庫の『猿飛佐助』(同)。真田幸村や十勇士ものが人気となり、たくさんのシリーズが出た。

川柳にみる幸村の活躍ぶり

東西へ身ごろを分ける上田縞《うえだじま》

東西へ一反づゝの上田じま

昌幸は桂馬を打ったこゝろもち

智は胸に結んで真田紐《ひも》を打ち

村中を酔はせて真田ずっと抜け

影武者を銭の数ほど出してみせ

信濃路は武勇も月も影があり

六文の銭が切れると負けになり

重宝な紐に勇士の名がのこり

（飯島花月『川柳真田三代記』より）

生まれ続けるヒーロー

幸村・十勇士・猿飛佐助を主人公とした書籍。

昭和の戦後になっても、真田人気、幸村人気は衰えを知らなかった。小説、舞台、マンガ等々、さまざまに描かれる。歴史関係雑誌の特集では何回も取り上げられ、すっかり定番になっている。

池波正太郎の『真田太平記』は雑誌連載中から評判になり、単行本・文庫本になってもよく売れた。巧みなストーリー展開、人物描写の豊かさが読者の共感を呼んだ。

そしてテレビドラマ化されて広くお茶の間に浸透。佐助のほか、女忍者・お江の活躍もからんで、別所温泉の石湯のように、人気の名所が生まれたほどである。

後に上田の町なかに池波正太郎真田太平記館が建設され、池波ファンを引きつけている。

真田三代、特に幸村は、常に新しいイメージを吹きこまれ、その時代によみがえってきた。そしてこれからも、多くのヒーローたちが生まれ続けるにちがいない。

絵本・マンガもたくさん登場する。

COLUMN

益子輝之
(池波正太郎真田太平記館顧問)

(上)池波正太郎『真田太平記』は昭和49年～57年に週刊誌に連載され、単行本・文庫本としてもよく売れた。
(左)小説に登場する別所温泉・石湯の碑。池波の筆である。

真田太平記 虚と実

作家池波正太郎は、長編小説「真田太平記」を書くにあたって前後十回ほど上田を訪れている。

「資料は東京の方が豊富だ。しかし、季節感と距離感は現地へ来てみなければわからない」

といって。来田は締切りが早くて月末に時間が空く十二月が多かったが、九月ということもあった。前半のヤマ場、上田合戦は今の暦だと九月下旬になる。

上田城の西櫓の前から西を望んで

「ああ、別所温泉は見えるんだ」と何だか嬉しそうに言われたこともあった。

その別所温泉の石湯の前に「真田幸村公隠しの湯」の碑が建って、除幕式の挨拶でこんなことを話された。

「歴史の資料のどこを見ても、真田幸村が別所温泉に入ったとは書いてない。しかし、お城から見える所にこんな良い湯がわいているのに、城主の若殿が入りにこないはずはない」

別の時、こんなことも言われた。

「学者は、わからない所があると何とかしてわかろうとする。小説家は『ここから先は資料がなくてわからない』ということがわかれば良い。わからないということがわかれば何を書いても良いのだから」

この二つの言葉に池波作品の中の人物が歴史以上に現実性を持っている秘密を見つけだすヒントがあるような気がする。

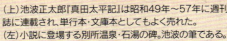

大阪人から見た真田幸村

大阪城天守閣館長　北川　央

　大阪の人間はとにかく権力が嫌いである。だから、その権力が集中する東京は大嫌いである。で、なぜ東京に権力が集中するようになったかというと、そもそもは徳川家康が江戸に幕府を開いたことに端を発するから、徳川家康も大嫌いである。しかも家康の場合は、大阪人がこよなく愛する我らが太閤・豊臣秀吉が、死の病の床から、「秀頼事、成り立ち候ように、この書き付けの衆として、頼み申し候。何事も、このほかには思い残す事なく候。……返す〴〵、秀頼事、頼み申し候。五人の衆頼み申し上げ候〳〵。」（慶長三年八月五日付　徳川家康ら五大老宛　豊臣秀吉自筆遺言状）と、切々と頼んだにもかかわらず、いとも簡単に約束を反故にして政権を奪ったばかりか、事もあろうに、秀頼を殺して豊臣家を滅亡させ、秀吉が築き上げた大坂城まで落城させてしまったのだから、いくら憎んでも憎み切れないほど、大っ嫌いなのである。

　その家康率いる七千余の徳川軍を、天正十三年（一五八五）閏八月の神川合戦（第一次上田合戦）で、真田昌幸は二千弱の兵で打ち破ってみせた。

　さらに昌幸は、慶長五年（一六〇〇）の関ケ原合戦の際、家康指揮のもと、上杉景勝討伐軍の中に身を置きながら、石田三成挙兵の報に接するや、ともに家康に従っていた福島正則・池田輝政ら諸将と決然と袂を分かって上田城へと馳せ戻り、次男幸村とともにわずか二千の手勢で、中山道を西上する徳川秀忠の三万八千に及ぶ大軍を堂々と迎え撃ち、またしても手玉にとって、結局秀忠を関ケ原本戦に遅参させてしまったのだから、大阪人が真田のことを嫌いなわけがない。もっとも、実際の真田昌幸は、秀吉自らが「真田事、先書に仰せ遣わされ候如く、表《ひょう》裏者《りもの》に候」（天正十四年九月二十五日付　上杉景勝宛　豊臣秀吉書状）と語っているように、とても一筋縄ではいかない曲者《くせもの》だったのであるが……。

　それはともかく、真田昌幸・幸村の奮戦にもかかわらず、関ケ原合戦そのものは徳川方東軍の大勝利に帰し、その東軍に属した昌幸の長男真田信幸（信之）の助命嘆願によって昌幸・幸村父子は高野山に流されることとなった。そののち二人は麓《ふもと》の九度山に移って、昌幸は慶長十六年六月四日、失意の裡《うち》に同所で六十五年の波瀾の生涯を終える。

　けれど幸村の方は、豊臣家危急存亡の時にあたり、豊臣恩顧の大名たちが揃って背を向ける

中、敢然と九度山を脱出して大坂城に入り、再び颯爽《さっそう》と歴史の表舞台に躍り出る。大坂城中では、客将の身ゆえ、その献策はほとんど容れられることなく、幸村の心中は察するに余りあるが、それでも幸村は慶長十九年の大坂冬の陣では、惣構堀《そうがまえぼり》（惣堀《そうぼり》）の南側に新たに出丸（真田丸）を築いて徳川の大軍をまたもや散々に翻《ほん》弄《ろう》し、翌年の夏の陣では徳川家康の本陣に攻め入って突き崩し、あと一歩のところまで家康を追い込んでみせた。その獅《し》子奮迅《しふんじん》の戦いぶりはまさに鬼神のようで、「真田は五月七日の合戦にも、家康卿の御旗本さして一文字に打ち込む。家康卿御馬印を臥《ふ》さする事、異国はしらず、日本にはためし少なき勇士なり。ふしぎなる弓取《ゆみとり》なり」（『山下秘録』）「五月七日に御所様の御陣へ、真田左衛門仕《し》かかり候て、御陣衆を追いちらし討ち捕り申し候。御陣衆三里ほどずつ逃げ候衆は、皆々生き残られ候。三度目に真田も討死にて候。真田日本一の兵《つわもの》、古《いにしえ》よりの物語にもこれなき由」（『薩藩旧記』）と絶賛されたが、そうした奮戦も空しく、結局は衆寡《しゅうか》敵せず、幸村は討死し、大坂城は落ちて豊臣家は滅亡する。

錦絵「真田幸村、巡見中に徳川家康を追い詰める」（上田市立博物館蔵）

　でも、大阪人はこうした史実をそのままには許さない。徳川家康は夏の陣で討死して、以降の家康は影武者だったことになり、豊臣秀頼の方は幸村やその子大助らに守られて薩摩に落ち延びることとなった。大阪府堺市の南宗寺には、戦死した家康を葬った墓があり、鹿児島市上福元町木之下には、天寿を全うして亡くなった秀頼の墓がある。真《まこと》しやかに語られた伝説は、

上田城に一番近い宿

本館

寿久庵

観光・ビジネスの拠点に最適です

天然温泉、
当館自慢の手打ちそば会席、
お食事だけでもお気軽に!

上田駅お城口より徒歩3分
上田温泉 ホテル 祥園・寿久庵
〒386-0024 長野県上田市大手1-2-2
TEL0268-22-2353 FAX0268-23-4333
http://www.ueda.ne.jp/~shoen/

大阪城天守閣、昭和6年に再建された。現在は博物館・美術館として、また大阪のシンボルとして、人気の観光スポットである。

やがて上方講談の十八番「難波《なんば》戦記《せんき》」にも取り入れられて、さまざまに脚色され、よりいっそう増幅されて、多くの大阪人から絶大な支持を受けた。

秀頼の薩摩での生存伝承それ自体は、イギリス商館長として平戸にいたリチャード・コックスが、その日記に「又秀頼様は生存し、大名の彼に加擔《かたん》するもの多しとの風聞あり」（一六一五年六月十六日条）「又秀頼様は、薩摩或は琉球に逃れたりとの報あり」（同年七月二十七日条）「夜半頃イートン君京都より平戸に着せり。……イートン君の談に依れば、秀頼様は今尚《なお》重臣五六名と共に生存し、恐らく薩摩に居るべしとの風聞一般に行はるゝ由なり」（同年八月十三日条）「予はイートン君宛の書状を認《したた》め、秀頼様は尚薩摩に生存し、舟を多く備へつゝありとの風評行はるゝ由を報じたり」（同年十月二十六日条）「当地に行はるゝ風聞に依れば、秀頼様は尚生存して、内裡《だいり》の保護の下にあり。皇帝（家康）死去せしにより、此事今世に公にせられ、彼（秀頼）は皇帝となりて、再び大坂に築城すべき由なり」（一六一六年六月十三日条）「薩摩の殿即ち王は、生存せる由なる秀頼様の権利の為め、新皇帝（秀忠）に対して開戦せんとし、先づ長崎を攻めんとすと伝へらる。是れ目下一般に行はるゝ風評なり」（同年七月七日条）などと度々書き留めているから、夏の陣後間もなく、相当広い範囲で、多くの人たちによって語られたことが知られる。既にコックス自身が、「又或人《あるひと》の言に依れば、秀頼様の遺骸は、遂に発見せられず。従って彼は密《ひそ》かに脱走せしなりと信ずるもの少なからず。されど予は之《これ》を信ぜず。たゞ此南方諸国の人々は、老人（家康）よりも彼の壮者（秀頼）に同情するが故に、其の欲する所を語

"戦国の世"にタイムスリップしてみませんか…

▶上　田 ☎0268(23)1161
▶滋　野 ☎0268(62)0422
▶小　諸 ☎0267(22)2323
▶佐　久 ☎0267(67)4321
▶御代田 ☎0267(32)3311
▶軽井沢 ☎0267(42)2181

松葉タクシーグループ

るに過ぎざるなり」（一六一五年六月二十日条）と喝破《かっぱ》したように、それは豊臣家、秀頼に寄せる同情から出た噂に過ぎなかったが、とりわけ大坂の人々の場合、他の地域と比べても、なおいっそうそうした気持ちが強かったであろうことは想像に難くない。そして、その豊臣家、秀頼のために命を抛《なげう》ってまで奮闘した幸村に対する感情は、その痛快な戦いぶりも相俟《あいま》って、敗者に対する通《とお》り一遍《いっぺん》の判官贔《はんがんびい》屓《き》などを遥かに超えて格別なものがある。

ところで、大坂の陣で豊臣方として活躍したのは何も真田幸村一人ではなく、他にも後藤又兵衛・薄田隼人《すすきだはやと》・塙団右衛門《ばんだんえもん》・木村重成・長宗我部盛親《ちょうそかべもりちか》・毛利勝永・明石掃部《かもん》ら、錚々《そうそう》たる面々が名を列ねた。上方講談や立川《たつかわ》文庫をはじめとする講談本全盛の頃には、猿飛佐助・霧隠才蔵ら十勇士を擁する幸村には及ばないまでも、彼らもそれなりに人気を誇り、それぞれのキャラクターが独自の光彩を放ったが、今や残念ながら彼らはその輝きを失ってしまい、人気は幸村の独《ひと》り勝ちで、後藤又兵衛や薄田隼人・塙団右衛門といった名前さえ知らない人が多くなった。

「難波戦記」などで家康の命を奪うのは後藤又兵衛の仕業《しわざ》とされるのだが、近年ではその殊勲さえも幸村の手柄として語られたり、記されたりするケースが間々《まま》見受けられ、あまりにも凄まじい幸村人気に、正直筆者は少々困惑気味である。

幸村人気もあまりに度が過ぎると、どこまでもひねくれ者の大阪人は、またしても変に臍《へそ》を曲げかねない。

もちろん幸村が筆頭で何ら異存はない。でも、後藤又兵衛にも、薄田隼人にも、塙団右衛門にも、木村重成にも、少しずつでいいから往年の輝きを取り戻してもらいたい。そして、皆で一緒になって大阪城の人気を支え、もっともっと大きなものへと守り立てていって欲しい。

大阪城外濠

池波正太郎 真田太平記館

直木賞受賞作の「錯乱」をはじめ、多くの〝真田もの〟を世に出した作家・池波正太郎（1923〜1990年）は、その集大成として歴史長編小説『真田太平記』を1974年から1982年まで「週刊朝日」に連載。取材のため、たびたび上田を訪れて真田氏ゆかりの地を歩き、「折にふれ、上田の人々の顔をおもい、上田の町をおもうことは、私の幸福なのである」とエッセイに記しています。真田太平記館はこうした縁から1998年、池波家はじめ関係者の協力により、上田市街地の原町に開設され、全国の池波ファン、真田氏ファンが訪れています。

『真田太平記』は天正10年（1582）〜元和8年（1622）の40年間に起こった歴史的出来事をもとに、真田昌幸と信之・幸村父子の絆、織田信長や豊臣秀吉、徳川家康ら戦国武将との関わり、真田家に関係する人物や忍びのものの活躍を織り交ぜて描き、1985年にはNHKの大型時代劇として映像化されました。

同館ではこの『真田太平記』の世界を中心に、池波文学の魅力を視覚的に紹介。『真田太平記』の登場人物や、その時代を年表とともに記したパネル、生原稿や執筆に使った机、万年筆、若いころ画家を目指したという氏自筆の絵やスケッチなども常設展示しています。

また、多くの池波作品のために画家・風間完氏が描いた挿絵の原画を数多く所蔵。これらによる挿絵展や池波作品の舞台を写真で紹介する企画展なども年間を通じて開いています。

館内には、切り絵で『真田太平記』を紹介するシアターや、忍者の世界をカラクリ絵で見せる「忍忍洞」、池波作品や真田関連の書籍、真田グッズの販売コーナー、喫茶もあります。

生原稿や執筆に使った机、万年筆などを常設展示。

風間完の挿絵（『真田太平記』）

池波氏愛用の万年筆

風間完描き下ろし原画
（真田太平記／長良川）

池波正太郎真田太平記館

〒386-0012上田市中央3-7-3　☎0268-28-7100
開館時間／10:00〜18:00、㊌と㊗の翌日休館
入館料／一般300円・高大生200円・小中生100円

信之、武門の誇りを伝える

真田信之略年譜

永禄9年（1566）	信幸、出生。
天正13年（1585）	上田城下に徳川の大軍を迎えて撃退（第一次上田合戦）。
天正17年（1589）	家康に出仕。
文禄元年（1592）	文禄の役（朝鮮出兵）で肥前名護屋へ出陣。
慶長5年（1600）	徳川秀忠の大軍が上田城攻め、信幸は徳川方につく。 関ヶ原戦後、昌幸の遺領を合わせ9万5千石の領主となる。 このころ信之と改める。
元和2年（1616）	このころから沼田は長男信吉に任せ、上田領支配に専念。
元和8年（1622）	上田から松代10万石へ移封。
明暦3年（1657）	隠居して松代城北の柴村に住む。
万治元年（1658）	93歳で没す。

信之は沼田・上田領を統治する大名として、領内の整備に力をつくす。しかし幕府から突然の命が下り、松代へ移封。以後、九二歳という高齢まで藩主を務め、真田氏松代藩の基礎を固めた。

歴代の松代藩主は、関ヶ原合戦での西軍よりの機密書類を秘かに保存し、明治の世になって初めて公開する。真田一族の武門の誇りが脈々と生き続けていた。

沼田から上田へ

昌幸の長男信之（信幸）は、慶長五年（一六〇〇）の関ヶ原の戦いの折には家康につき、沼田領と上田領を安堵された。真田の家名を無事に受け継ぐことができたのであった。

関ヶ原合戦後に昌幸の築いた上田城は破却され、信之はしばらく沼田城に在って上田領を統治する。城はなくなったが、水堀をめぐらした藩主屋敷（現上田高校）を設け、城下町の整備もすすめた。

この間信之は、家康の忠実な配下として忠勤にはげむが、父昌幸・弟幸村との間で苦しい立場に置かれることもあったようである。大坂冬の陣・夏の陣で幸村が華々しく活躍した時には、息子の信吉と信政を名代として真田隊を派遣している。

大坂夏の陣の翌元和二年（一六一六）ころに、信之は沼田領を長男信吉に任せ、

真田信之画像（真田宝物館蔵）

自分は上田領の支配に専念するようになった。その当時上田領（小県郡全域）は六万五千石、沼田領は三万石と言われ、小県の地は重要であった。

　六万五千石といっても、実際に村々の生産高を示すのは貫高《かんだか》で、一貫を二石四斗七升で換算して石高《こくだか》の数字を出していた。貫高制は武田氏支配以前から使われており、信之もこれを踏襲し、さらに江戸時代を通じて上田藩領では用いられた。全国的にも珍しい例とされる。

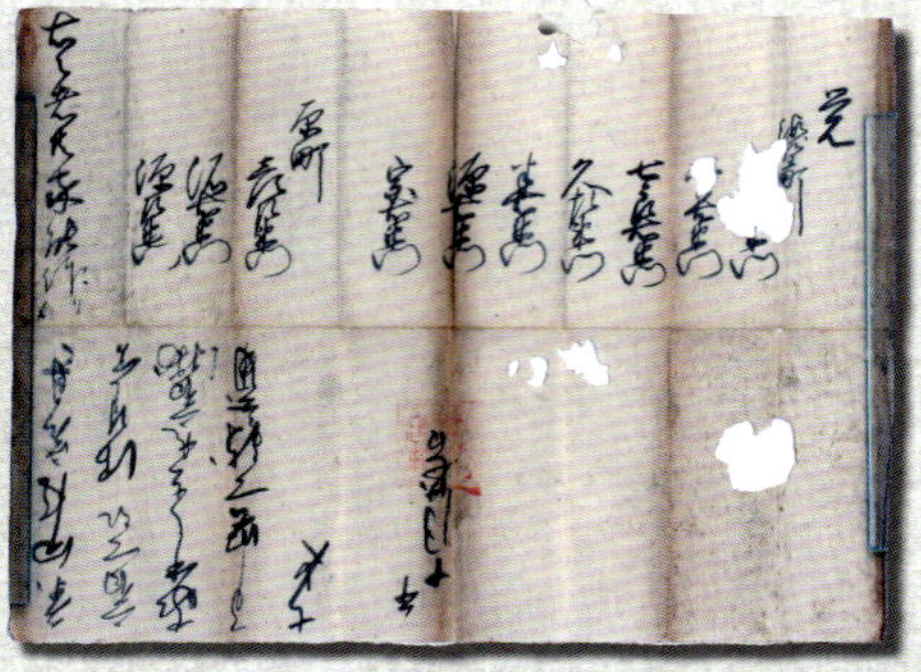

真田信之朱印状（上田市立博物館蔵）、慶長11年（1606）。海野町と原町の10人に旅籠（旅館）の指定をした。城下町と北国街道の整備が着々と進んだ。

　昌幸が小県一円を支配するようになってから、水田の用水堰《せぎ》やため池の整備が盛んに行われるようになったらしい。信之の時代も力を入れたようで、この地方の農村の生産力がかなり高くなったとみられる。

　一方で、戦乱の中で土地を捨てて逃げ出す農民も多かった。信之はその還住にも力を入れ、帰ってくる農民を優遇したりしている。こうして信之の懸命な統治が続けられた。

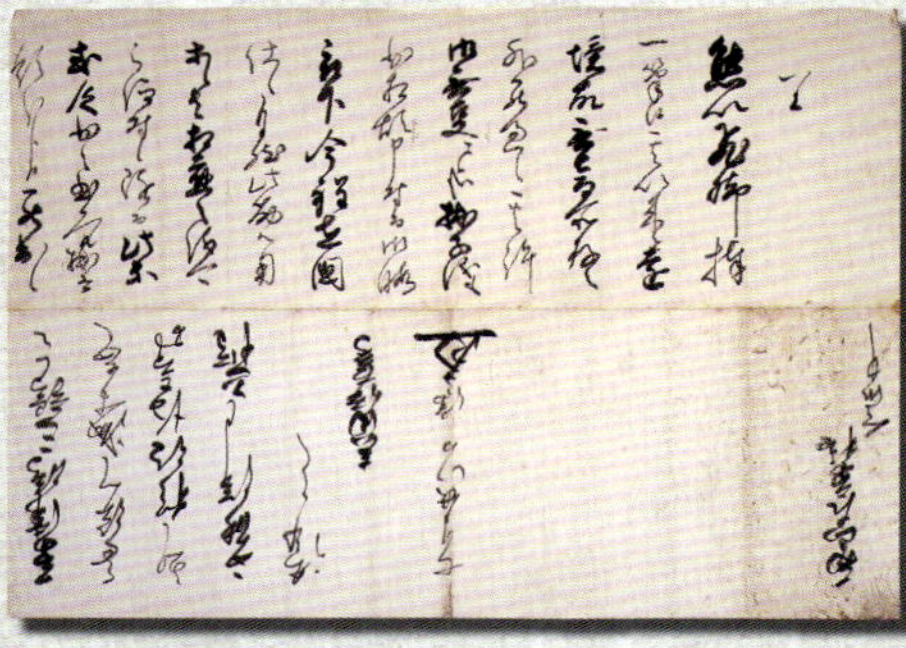

真田信之書状、西山左京宛（蓮華定院蔵、レプリカ）。寛永10年（1633）以降のもの。西山左京は細川家の客分。「領国で産する草津縞三反を進上します」とあり、信之は他大名との交際にも心配りをしていた。

信之使用の鉄扇
（真田宝物館蔵）

信之使用の稲妻型蒔絵鞍
（真田宝物館蔵）

信之使用の無咲鐙（えみなしあぶみ）
（真田宝物館蔵）

新しい城下町

真田氏の上田築城にともない城下町も形成された。上田は北国街道の宿場町ともなったが、その中心は海野町《うんのまち》と原町《はらまち》であった。この二つの町は同時にできたように言われてきた。しかし、実際には原町の形成は海野町より遅かったとみられる。

●海野郷の移転

海野町は海野郷（東御市本海野）にあった海野町（海野本郷）を移したものだが、真田氏は寺社についても海野郷から上田へ移している。上田城の鬼門（北東の方角）鎮護のために配置された開善寺（海禅寺）と八幡社は、海野郷でもやはり海野氏館の鬼門よけの位置にあったとみられる。ほかにも表のように願行寺《がんぎょうじ》などが移された。開善寺・願行寺などは、真田氏の移封先、松代にも建てられている（表参照）。これに対し、旧真田町域から移された寺社は一つもない。真田昌幸

本海野からの寺社の移動

本海野（海野郷）	上田	松代
開善寺跡（海善寺区）	開善寺（後　海禅寺）	開善寺
滋野神社（海善寺区、元八幡社）	八幡社（紺屋町）	
白鳥神社（本海野区）	（今はないが、真田氏上田在城時代は八幡社と並んであったと伝承）	白鳥神社
願行寺跡（本海野区字岩下）	願行寺	願行寺
観音寺跡（字太平寺、「観音堂」とも）	日輪寺（観音堂あり）	

城下町の道・城下への道

尾崎行也
（元長野県立歴史館専門員）

城下町上田を描いた確かな絵図のうち最も古いとされている正保四年（一六四七）の上田城絵図をみると、上田へ入る北国街道江戸方・同善光寺方・松本街道・上州沼田街道の四本は、いずれも城下町へ入るところでほぼ直角に曲がっている。さらに城下町へ入っても道は到る所で鍵型（鍵の手）になっていたり丁字型となっていて、十文字の交差点は少なく、多くは筋違いになっている。これについては、戦いに際して侵入してくる敵軍の進攻を妨げ、弓矢や銃弾などの射通しを不能にしてその攻勢を弱めるためである、とさ

が城主だった時代の上田は、海野氏の城（館）とその城下町の体裁をとっていたとも言える。真田氏は名族海野氏の嫡流と自称していたが、それを城下町の形で表そうとしたかのようであった。

原町ほかの形成

原町ができたのは、慶長五年（一六〇〇）に昌幸から信之に代替わりして以降とみられ、史料上の原町の初出は、ようやく同十年のことである。上田築城以前の真田氏の居館は原之郷（旧真田町本原）にあり、近くに市の立つ町もあった。それを上田城下へ移して原町をつくったのである。昌幸の時代の上田城と城下町は、惣構えと呼ばれる堀や川で囲まれた中にそっくり納まっていたコンパクトなものであったらしい。それを信之の代になって拡張したとみえる。

このほかの主な町で、つくられた年がはっきりしているのは鍛冶町《かじまち》だが、これもやはり信之が城主のとき、元和元年（一六一五）のことだった。また、紺屋町《こんやまち》ができたのは、それより少し前だったらしい。

明治10年ごろの上田城。新政府から払い下げられた直後で、南櫓がなく櫓門が残っている。（上田市立博物館蔵）

上田城・城下町用地の接収

上田城・城下町は、大部分が常田村《ときだ》と房山村《ぼうやま》の田畑などをつぶして造成された。その用地とされたための年貢免除分の記録も残されている。今でも上田の大きな祭事に舞われる常田獅子・房山獅子《ぼうやま》は、上田城下町が元々はこの両村の土地

COLUMN

れている。

こうした軍事目的を持った道造りは、真田昌幸による上田築城時にも当然配慮されたものと考えられるが、天正十三年（一五八五）の信州上田合戦図や慶長または元和年間と推定されている信州上田城図などは、いずれも後年に描かれた略図で、真田氏統治期の上田城下町を詳しく検証する資料としては弱い。

戦国期の絵図を諦めて、上田城下町の東端横町から北国街道を東にたどってみると、まず常田村分の科野大宮社の東側で鍵の手が認められる。この科野大宮社の斜め向い側には上田城下東入口の番所も設けられていた。

さらに東にすすむと踏入村となるが、その入口にあたる平尾家（旧庄屋）の前が鍵の手になる。踏入村の中程と東の出はず

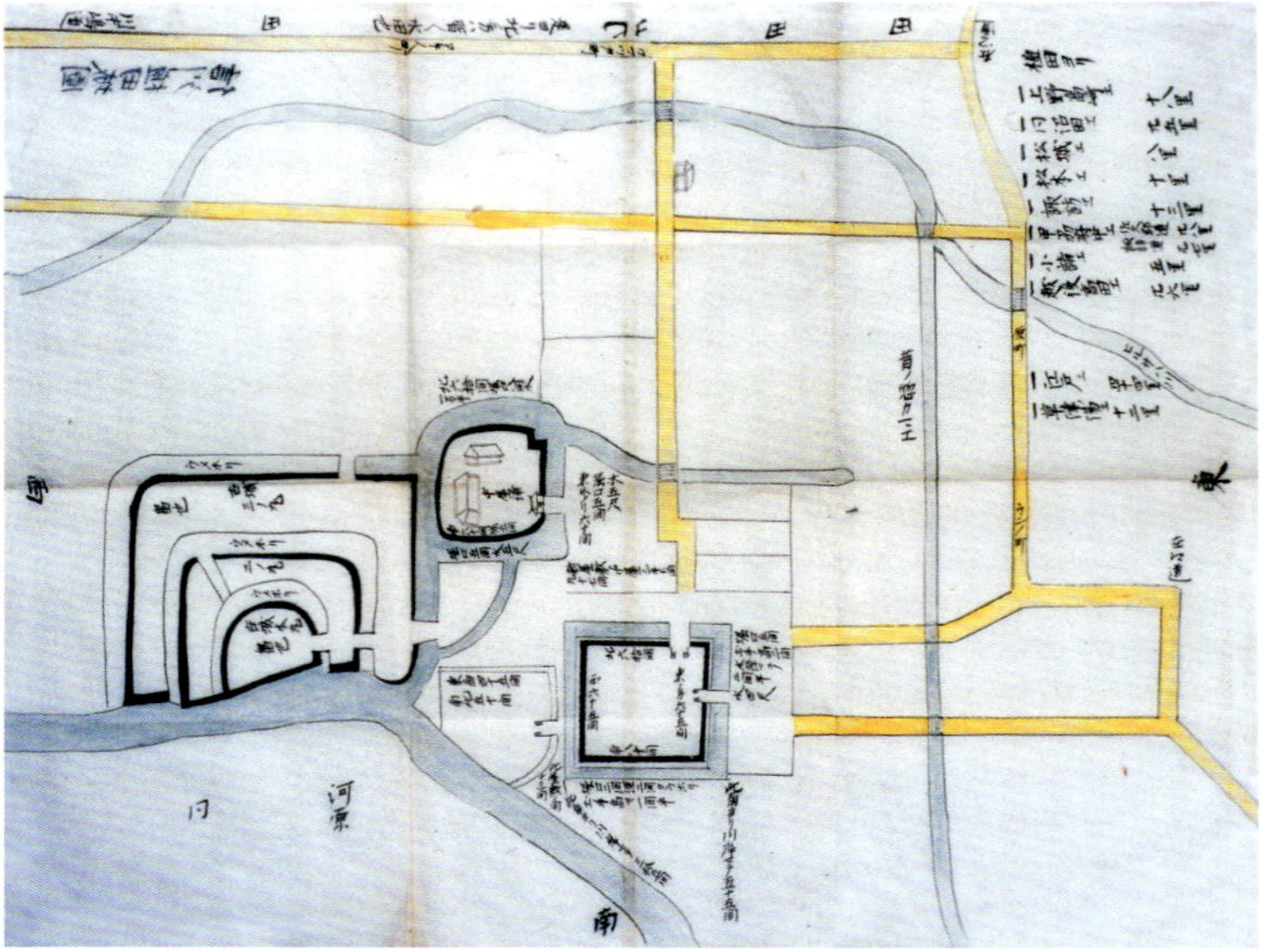

だったことによる。また、城下町の鎮守社は、房山新田の大星《おおぼし》神社と常田の科野大宮社だったが、これも築城以前の時代からのなごりである。

元和年間とみられる上田城図
（上田市立博物館蔵）

●新参町ほかの侍町

家臣団の住んだ侍町の内、大手町の昭和三十年代までの旧称は新参町《しんざんちょう》であった。この通りは城へ向う大手通りであり、上級家臣の屋敷が並んでいた。それが新参者の町とは不思議ではある。これは真田氏が武田氏滅亡後に多く召し抱えた武田旧臣で高禄の者たちが、むしろ敬意をこめた形で「新参衆」とでも呼ばれていた、そういう人たちが大勢住んだことによる町名ではと思われる。

木町通りの南の東西の通りを連歌町《れんがちょう》と言った。これは連歌師の住んでいたことによる。連歌が盛んであったのは、安土桃山時代までであった。真田幸村も配所

れに杉並木があった。これは真田昌幸が上田城下の町割をしたときに始まるともいわれるが、定かでない。

ここで上田城下町の西端に目を転じると、北国街道筋に沿って紺屋町から鎌原村・西脇村とすすみ、高橋のところが鍵の手となり、しかもここで善光寺道（北国街道の別称）と松本街道（別称は保福寺道）とに分れる。善光寺道にすすむと秋和村に入り、正福寺と長昌寺の間および同集落のはずれから隣り上塩尻村境までの間に杉並木があり、上の杉原・下の杉原と称されていた（杉並木はいずれも現存しない）。

話を戻して、踏入の先は大きく曲がりながら堀村となり、上沢村に続き、神川の右岸に出る。神川は加賀川と記されることが多い。天正十三年（一五八五）

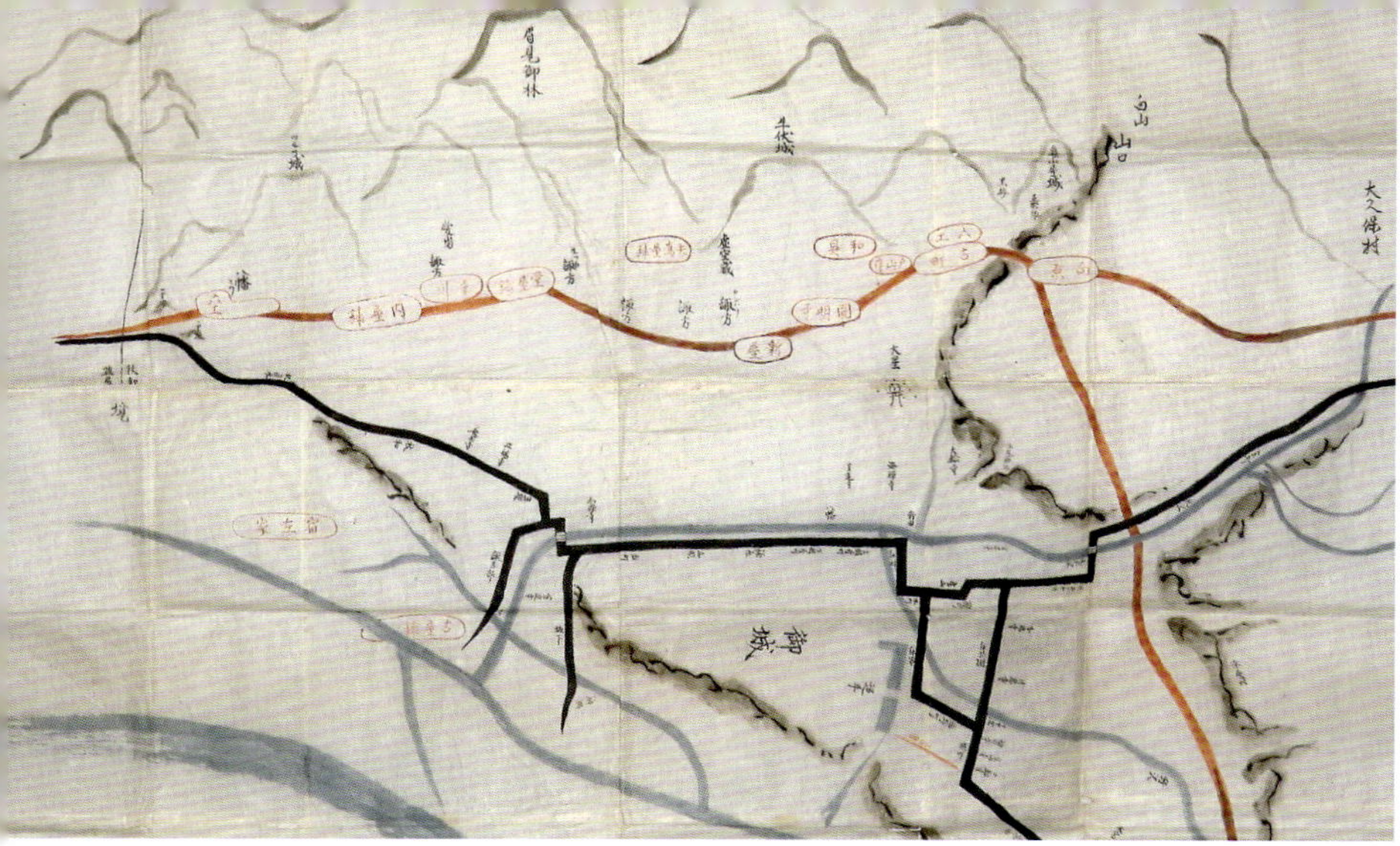

城下囲いの村々の旧地を示す古図（上田市立博物館蔵）

で連歌をたしなんでいたし、その兄信之が連歌の会を催した記録もある。これも真田氏当時の特徴的な時代状況を伝える町名と言える。

なお、侍町については、鷹匠町が寛永十七年（一六四〇）にできるなど、真田氏の次の城主仙石氏の時代に拡張整備されたとみられる部分もある。

●城下囲いの村

真田氏は「城下囲い」つまり城下町の外郭地帯形成のために、周辺にあった村々を城下町の街道筋の入口に移住させた。北国街道の東の口に踏入・常田、西の口に鎌原・西脇・生塚・秋和、西南の保福寺街道口に諏訪部、北東の上州街道口に房山という計八か村であった。これら城下町続きの街村も段々に町場化していった。

COLUMN

科野大宮社の鍵の手

閏八月、徳川軍を迎えた真田軍は神川付近で攻防を展開し、大勝している。第一次上田合戦であるが、神川合戦ともいわれる。神川橋の左岸で北国街道は鍵の手になっているが、明治に入って直進する道が付けられ、現在は枝道となって残っている。

小松姫伝説

信之の正室小松姫（小松殿）は、賢夫人の評判が高い女性であった。家康の重臣本多忠勝の娘で、家康（または秀忠）の養女として天正十八年（一五九〇）ころ信之に嫁いできた。信之が沼田城主であったため、沼田住まいが長かった。

小松姫にはいくつかの武勇談が伝えられる。事実かどうかは不明だが、犬伏の別れの後、昌幸が上田への帰途に沼田城に立ち寄った時、城門の上に立って入城を拒否した話は特に有名である。

関ヶ原合戦後の昌幸・幸村父子助命運動などでは、真田家と徳川家の間に立って橋渡しの重要な役目をになった。高野山に配流となった昌幸父子に対しても、何くれとなく細かい援助をしたようである。

徳川幕府は早くから、大名の妻女を江戸に住まわせるよう奨励し、小松姫も大

武勇談が有名な小松姫画像（大英寺蔵）

坂の役の前から江戸に住んでいたらしい。またそのころには、信之の江戸詰めも年の半分以上だったとみられる。

小松姫は元和六年（一六二〇）、病を得て江戸から帰る途中、鴻の巣で亡くなった。信之は知らせを聞いて、「わが家の灯が消えた」と言って嘆いたという。墓は鴻の巣、沼田、そして上田の芳泉寺にある。

元和八年十月、信之は突然幕府から松代（松城）への転封を命じられた。四万石の加増で川中島一帯を領有する、いわば栄転であった。これを喜ぶ一方、父祖の地を離れるのは不本意な思いもあったようで、そんな心情をうかがわせる手紙が残っている。

沼田城本丸付近

沼田公園の花

小松姫の墓（沼田市正覚寺）

徳川家康より拝領の小松姫の懐剣
（大英寺蔵）

秘蔵された密書

松代に移された信之は、真田家に関係の深い多くの寺社も移した。領内や城下町の整備をすすめ、後に信濃を代表する雄藩となる。

信之は松代藩の基礎を築き、稀にみる長寿を保って、万治元年(一六五八)十月九三歳で没した。関ヶ原合戦の生き残りの勇士として幕府内で尊重されたとも言われる。乱世から太平の世へ、誇り高い武門の血筋を後世に伝えたのであった。

松代藩は信之を初代として、明治維新に至るまで真田家が治めた。幕末には正史とされる「真田家御事蹟稿」が編さんされたが、幸隆や昌幸、幸村の事績も誇らしげに書かれている。

明治維新後、藩の重役でさえ知らなかった「吉光の長持」が公開された。二代藩主信政が家康より拝領した吉光の名刀が納められ、昼夜寝ずの番がついたと言わ

山本勘助の縄張りと伝えられる海津城(松代城、長野市松代町)。
真田氏10万石の面影を残す。

れるほどの長持。開いてみると、名刀のほかに、幸隆や昌幸時代からの重要書類が多数秘蔵されていた。

この中には、関ヶ原合戦を前にした石田三成の密書なども含まれていた。徳川の治政の下では表に出せなかった機密書類を、信之以下の藩主が秘密の内に保管してきたのである。反骨の精神を保ち続けた、真田一門の武勇の伝統が脈々と生きていたのであった。

長国寺（長野市松代町）。もとは真田町の長谷寺で、真田氏発祥以来の密接な関係がある。真田氏の菩提寺として代々の藩主の霊廟などがある。

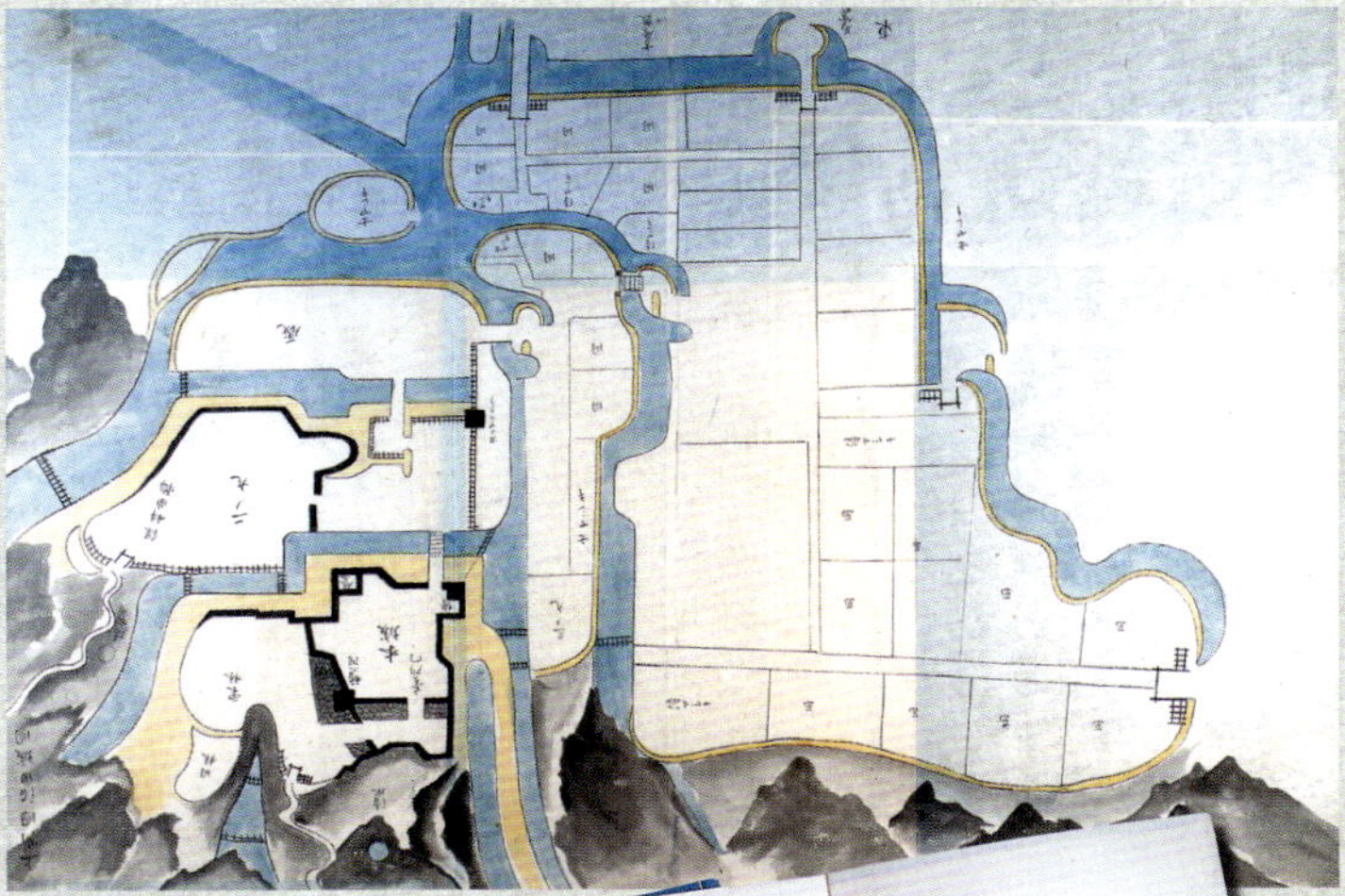

『真田家御事蹟稿附図沼田城図』（真田宝物館蔵）

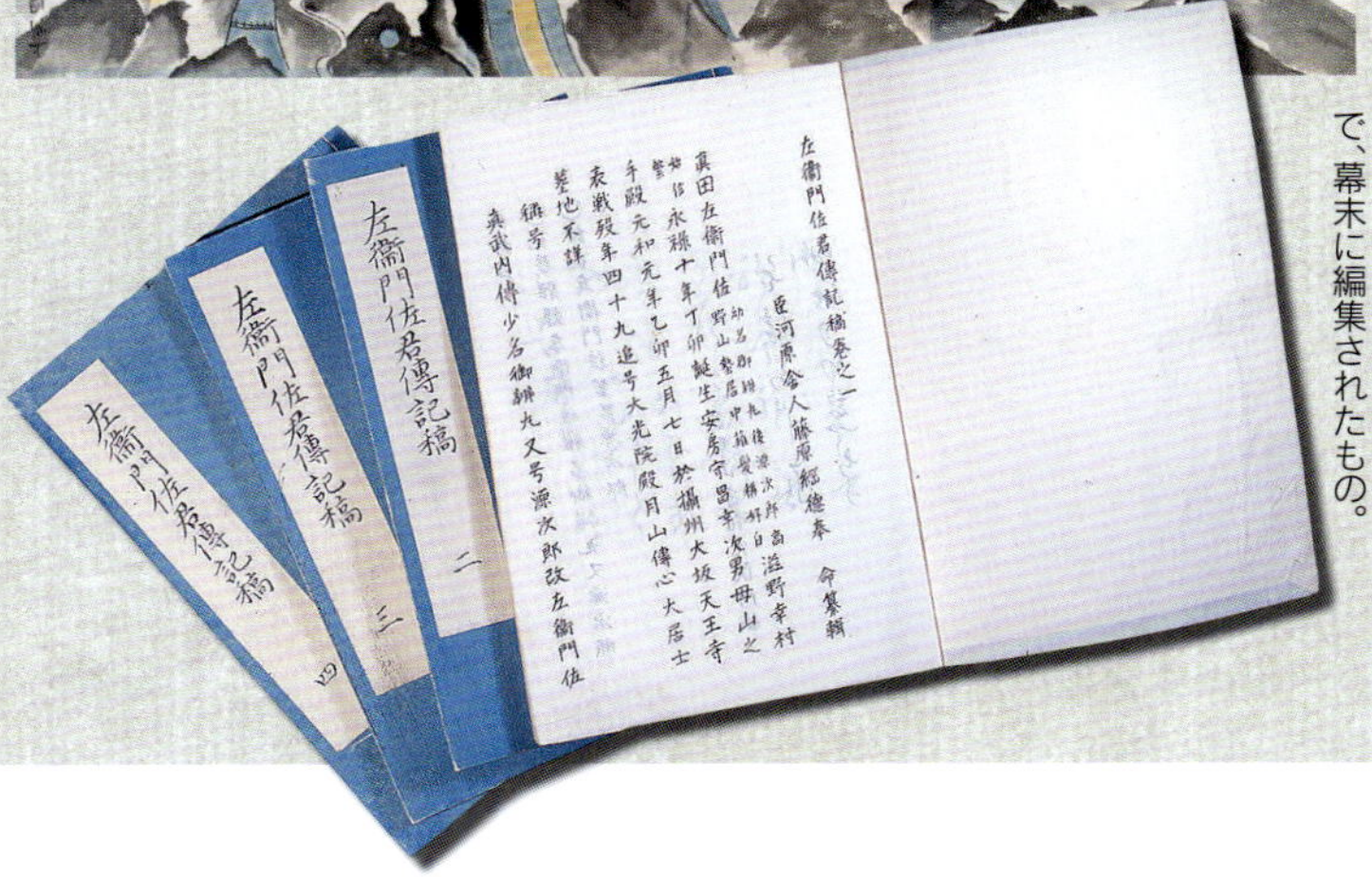

『真田家御事蹟稿』（真田宝物館蔵）。当時としては相当に厳密に史料を収集した上で、幕末に編集されたもの。

太陽と大地の聖地温泉

信州の鎌倉

別所温泉

BESSHO ONSEN

名刹古刹がたちならび
信州最古と言われる
七久里の湯の里
いで湯と旅をたのしむ
信州上田　別所温泉

季節の料理と
心からの
おもてなしの宿

マウントビューホテル 朝日館
TEL0268-38-2332

上松屋
TEL0268-38-2300

かしわや本店
TEL0268-38-3011

旅館 桂荘
TEL0268-38-2047

斎藤旅館
TEL0268-38-2139

旅館 晴山
TEL0268-38-2826

玉屋旅館
TEL0268-38-3015

チロル亭
TEL0268-38-2539

旅館 つるや
TEL0268-38-3008

旅館 中松屋
TEL0268-38-3123

七草の湯
TEL0268-38-2323

旅の宿 南條
TEL0268-38-2800

旅館 花屋
TEL0268-38-3131

緑屋吉右衛門
TEL0268-38-2016

別所観光ホテル
TEL0268-38-2043

臨泉楼 柏屋別荘
TEL0268-38-2345

別所温泉観光協会 TEL0268-38-3510
別所温泉旅館組合 TEL0268-38-2020

別所温泉の魅力を動画配信！
別所温泉旅館組合
公式PV
「別所温泉へようこそ。」

別所温泉の各旅館や最新情報は、ホームページをご覧ください。

別所温泉　検索

華々しく開かれている真田まつり

上田真田まつり
上田市

毎春、上田城跡公園を中心に商店街全体にわたって行われる市民参加のまつり。武者行列をはじめ、江戸芸かっぽれ、獅子舞、太鼓演奏など多彩なイベントが続く。

真田祭
和歌山県九度山町

昌幸・信繁（幸村）父子を偲んで催し、五月五日には絢爛豪華な武者行列や稚児行列が町内を練り歩く。各種のイベントで、真田庵などゆかりの地は大にぎわいとなる。

松代藩真田十万石まつり
長野市松代町

信之以降の真田氏が江戸時代に十万石を領した海津城。城跡と城下町で多彩にくりひろげられる。鉄砲隊や太鼓、武者行列、川中島合戦騎馬などが勇壮だ。

真田幸隆隊を先頭に出陣する戦国絵巻のような武者行列。下は信州真田鉄砲隊の演武。（上田真田まつり）

鉄兜に身を包み、「大坂へ!」のときの声に合わせて出陣し（上）、町内を練り歩く。（九度山町の真田祭）

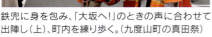

信州上田歳時記

1月
7~8日 信濃国分寺八日堂縁日
上旬 市民の森スケート場祭

2月
3日 北向観音節分会
生島足島神社節分追儺祭
8日 戸沢のねじと馬引き
上旬 武石ともしび博物館アイスキャンドル祭

3月
25日 北向観音知恵のだんご
下旬~4月中旬 信州国際音楽村すいせん祭り

4月
上旬~下旬 上田城千本桜まつり
中旬~ 千曲川などでつけば漁始まる
下旬 上田真田まつり
下旬~5月上旬 余里の一里花桃

5月
中旬 御屋敷つつじ祭り
下旬 美ヶ原放牧祭り

6月
上旬 菅平高原カントリーフェスティバル
中旬 アユ釣り解禁
中旬~7月上旬 市内各所でホタル舞う

7月
15日頃 岳《たけ》の幟《のぼり》
中旬 上田祇園祭
中旬 塩田城跡であじさい祭り
中旬 蓮のフェスタin信濃国分寺
中旬 稲倉棚田ほたる火まつり
下旬 上田わっしょい

8月
上旬 真田まつり
上旬 丸子ドドンコ
6~8日 上田七夕まつり
上旬 信州上田大花火大会
中旬~10月中旬 稲倉棚田案山子まつり

10月
上旬 鹿教湯商工観光祭 食・浴の秋祭り
下旬 真田幸村ロマンウオーク

11月
上旬 上田城けやき並木紅葉まつり
上旬~ 市内各所で新そば祭
上中旬 うえだ城下町映画祭

12月
上旬~ 菅平高原などでスキー場開き
下旬~1月末 鹿教湯温泉氷灯ろう夢祈願

信濃国分寺八日堂縁日

上田城千本桜まつり

岳の幟

塩田のあじさい小道

鹿教湯温泉氷灯ろう夢祈願

みんなの力で上田城本丸7つ櫓の早期復元を!

上田・城下町活性会

〒386-8522 長野県上田市大手1-10-22 上田商工会議所内 TEL.0268-22-4500

いいこと、アリオ。

お土産も、アリオ。

イトーヨーカドーが運営する「アリオ上田の駅」
真田幸村ゆかりのグッズから信州の名産品まで、
豊富に取り揃えております。ぜひ、お立寄りください。

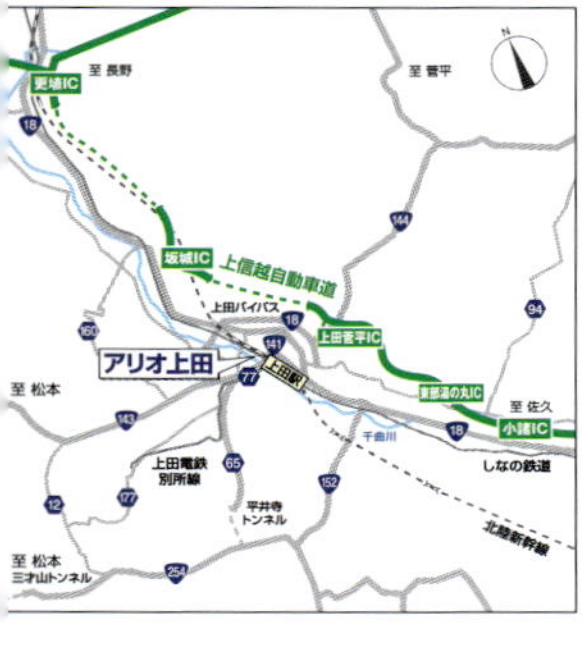

JR北陸新幹線·しなの鉄道·上田電鉄別所線
上田駅 徒歩5分

駐車場/1,900台　駐輪場/960台

アリオモール/9:00～21:00
●イトーヨーカドー/9:00～21:00　●TOHOシネマズ/9:00～24:30　●レストラン/11:00～22:00
※一部店舗は営業時間が異なります。

長野県上田市天神3-5-1　0268(26)7711
アリオ上田ホームページ
www.ario-ueda.jp

アリオのオリジナルアプリ「アリオアプリ」
お気に入りショップの新商品やセール情報、
アリオのイベント情報などをまとめてチェックできます。
アプリのインストールはコチラ

Ario
アリオ上田

新しい今日がある

SEVEN&i HOLDINGS

こぼれ真田余話

六文銭

真田氏の家紋としてよく知られている六文銭《ろくもんせん》。もともとは仏教説話から生まれた六道銭《ろくどうせん》だという。

六道とは、地獄・餓鬼《がき》・畜生《ちくしょう》・修羅《しゅら》・人間・天上をさす。六道銭は死人を葬る時に棺に一文銭を六枚入れる習俗からきた。一般には三途《さんず》の河を渡る時の渡し賃だ、などとされる。いずれにしろ六文銭は、死者の匂いがする。武士にとっては〝決死の覚悟〟の意味が強かったものであろう。

六枚を並べて家紋にしたのが六連銭《ろくれんせん》（六文銭）。真田氏以前からあったようで、海野氏の家紋の一つだという。六連銭を真田氏の家紋にしたのは、幸隆の時代からであろうか。海野氏の正統を引いた、という意味があったのかもしれない。

真田氏の家紋は他に、雁金《かりがね》、洲浜《すはま》、割洲浜《わりすはま》もある。砥石城下の伊勢山（上田市神科）の陽泰寺には、洲浜の紋章が高く掲げられている。真田氏関係といえばすべて六文銭に統一されている中で、珍しい例である。

六連銭を旗印にした武将は、戦国の世でも珍しかった。大坂冬の陣・夏の陣で幸村ひきいる真田軍が、真っ赤な具足で戦った姿が強い印象を残したことで、六連銭＝六文銭が一躍有名になった。以後、真田といえば六文銭、というイメージが定着する。

六連銭の形は、穴あき銭が六枚並んでいればよかったらしい。江戸時代に描かれたものでも、四角の穴の部分を故意に曲げて並べたデザインが見られたりする。

真田氏の家紋

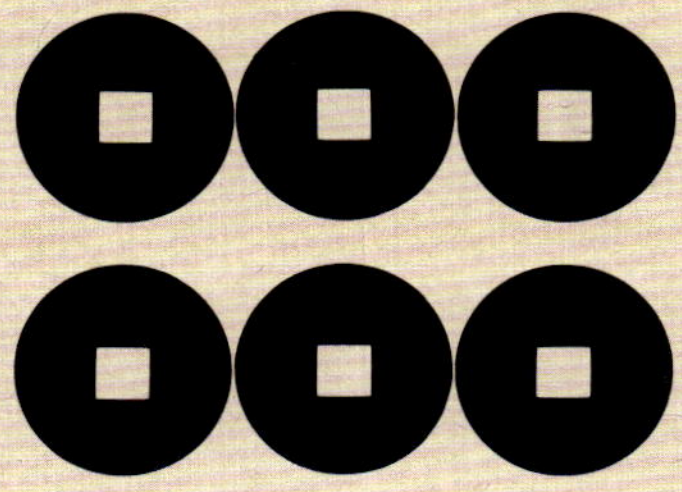

六文銭（六連銭）

雁金

洲浜

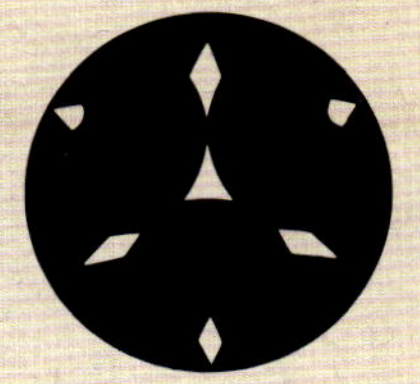

割洲浜

木地蝋金御紋附御文庫（真田宝物館蔵）に配された六文銭。

海野一族・真田家の守護神

白鳥神社

北国街道 **海野宿**

重要伝統的建造物群保存地区［日本の道百選］

「海野宿」の位置する本海野の地は、戦国の名将・真田氏の祖である海野一族発祥の地であり、古くは木曽義仲挙兵の地となり、戦国時代までの永きにわたりその本領でした。海野宿の産土神である白鳥神社は、海野氏・真田氏の氏神とに祀られた歴史ある神社です。

海野宿は寛永2年（1625）に北国街道の宿駅として開設されました。北国街道は中山道と北陸道を結ぶ重要な街道で、佐渡で採れた金の輸送や、北陸の諸大名が参勤交代で通った道であり、江戸との交通も頻繁で、善光寺への参詣客も多くありました。

東御市観光協会　TEL 0268-67-1034　FAX 0268-67-3337

東御市観光協会ホームページ　http://www.tomikan.jp

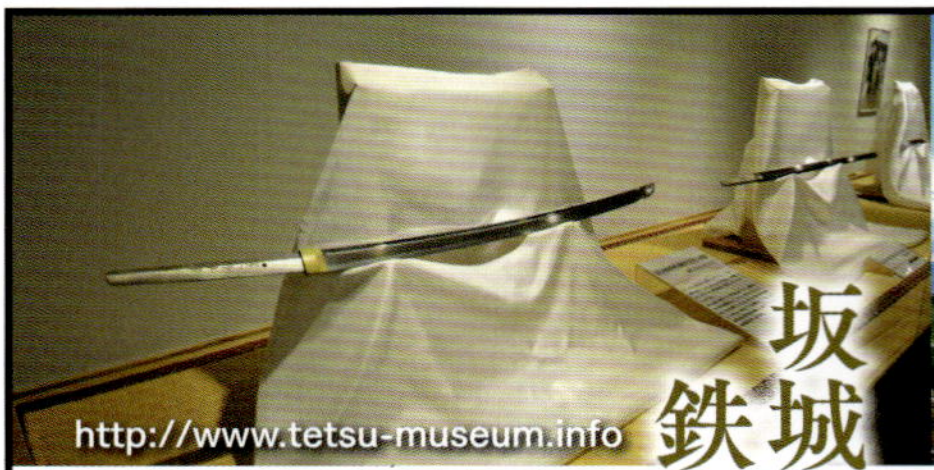

坂城町 鉄の展示館

刀匠のまち「坂城」の象徴である人間国宝故宮入行平刀匠や宮入一門刀工の作品をはじめ、長船や山浦など古刀・新刀の古名刀、さらに故高倉健さんが旧蔵していた刀剣類など、定期的に展示しています。

〒389-0601長野県埴科郡坂城町坂城6313-2
Tel.Fax 0268-82-1128

ご利用案内

- **開館時間**／午前9時～午後5時（入館は午後4時30分まで）
- **休　館　日**／毎週月曜日（但し、月曜が祝日のときは翌日）、年末年始
- **観　覧　料**／400円（20名様以上の団体は300円）、中学生以下無料
  ※ただし、特別展の場足は料金が変更になる場合があります

交通のご案内

- **鉄道をご利用の場合**
  北陸新幹線「上田駅」下車。しなの鉄道乗り換え「坂城駅」下車徒歩2分
- **車をお利用の場合**
  上信越自動車道「坂城I.C」から10分

坂木宿 ふるさと歴史館

坂城町を拠点に活躍した清和源氏の名族「信濃村上氏」と戦国の勇将「村上義清」を中心に、北国街道坂木宿等に関する資料を展示しています。特に武田信玄を唯一破った村上義清の、武田氏や真田氏との激戦、川中島の戦いなど見ごたえのある展示内容となっています。

〒389-0601長野県埴科郡坂城町坂城6329-1
Tel.Fax 0268-82-4193

ご利用案内

- **開館時間**／午前9時～午後5時（入館は午後4時30分まで）
- **休　館　日**／毎週月曜日（但し、月曜が祝日のときは翌日）、年末年始
- **観　覧　料**／100円（20名様以上の団体は50円）、中学生以下無料

交通のご案内

- **鉄道をご利用の場合**
  北陸新幹線「上田駅」下車。しなの鉄道乗り換え「坂城駅」下車徒歩2分
- **車をお利用の場合**
  上信越自動車道「坂城I.C」から10分

あとがき

信州上田といえば……真田一族の活躍のほかにも、古い由緒をもった町です。古代には信濃国分寺が建立され、信濃の中心地でもありました。「信州の鎌倉」と呼ばれるほど、鎌倉期の文化が花開き、その文化遺産が多数残されています。江戸時代から盛んだった養蚕・蚕種製造や上田紬の伝統が明治以降も蚕糸の都として繁栄をもたらしました。大正デモクラシーの象徴の一つといわれる上田自由大学運動なども注目すべき動きです。

あまり知られていませんが、歴史研究の面でも上田地方は盛んでした。幕末から明治にかけて作られた『小県郡年表』などは、今日でも通用するすぐれた歴史書です。大正時代発刊の『小県郡史』、昭和の『上田小県誌』などの積み重ねもあります。

☆

真田氏に関する出版物は、江戸時代半ばから全国的にたくさんありました。明治時代以降も多くの作家が題材に取り上げ、作品は膨大な数に上

信濃国分寺

知っておきたい歴史用語

宛行《あてがい》　武将(領主)が家臣(配下)に所領を与えること。その文書を**宛行状**という。まだ自分の領地になっていない場所を宛行《あてが》うこともあり、その場合は一種の約束手形のようなもので、戦いに勝って領土を広げたら与える、という約束をしていた。

安堵《あんど》　領主が家臣や寺社に、所領を保証し確認すること。この文書を**安堵状**という。以前からの知行地《ちぎょうち》に対し、新しい領主・後継者がよく安堵状を発行した。

本意《ほんい》　本来の望み。宛行状によく「本意の上は」と書かれたが、

ります。

地元の郷土史家による研究書、解説書等も数多くあります。主なものでは、飯島花月『川柳真田三代記』、藤沢直枝『真田幸村』、猪坂直一『真田三代録』、小林計一郎『真田幸村』、常田軍三『真田随想録』、米山一政『真田一族のふるさと』、東信史学会『真田一族の史実とロマン』などが挙げられます。

真田氏関連の出版物は多数にのぼる。上田情報ライブラリー「書籍にみる真田氏の世界展」より。

郷土の出版物は主に、史実を記述する本です。質実剛健な信州人気質を、そして真田一族が活躍した反骨精神を秘めているようにも思われます。機会がありましたら、書店や図書館で手にとってごらん頂ければ幸いです。

☆

戦国期の真田一族の活躍や生き方は、昔から多くの人が共感し、全国的にファンがたくさんいます。そうした中で、各地で「真田まつり」が盛大に催されています。

真田まつりの武者行列やイベントは、どこでも彩り豊かに開かれています。そこには、私たちの真田氏にいだく夢が反映されているのでしょう。

真田一族には巧みに生き残ったしぶとさと、自己の生きる道を通した意地とがまじりあっています。そしてナゾの部分がたいへん多い。私たちはこれからも、この一族に夢を重ね、新しい物語を織りつづけていきたいものです。

目標の戦いに勝利したなら、あるいは敵を追い払って領地を手に入れたなら、といった意味が込められている。

感状《かんじょう》　武将が家臣の戦場での働き等を認め、また賞して発給する文書。

朱印状《しゅいんじょう》　戦国大名が花押《かおう》のかわりに朱印を捺《お》して発行した公的文書。

花押《かおう》　自分の書いた文書であることを示す印。書き判とも言われ、自署（サイン）のかわりにも使われた。

寄親《よりおや》**・寄子**《よりこ》　戦国大名が配下の有力武将を寄親とし、小土豪や地侍を寄子として家臣団を組織した。他領からの帰順者も寄子とする場合が多かった。

写真提供および協力（順不同・敬称略）

大阪市
大阪城天守閣
和歌山県九度山町
真田庵
高野山・蓮華定院
長野市
長野市教育委員会
真田宝物館
上田市
上田市教育委員会
上田市立博物館
上田市立図書館
池波正太郎真田太平記館
上田情報ライブラリー
上田温泉ホテル祥園
生島足島神社
塩田文化財研究所
絹糸紡績資料館
山家神社
長谷寺
信綱寺
芳泉寺
長国寺
大英寺

参考文献

『長野県史』
『上田市誌』
『真田町誌』歴史編上
『上田小県誌』
『丸子町誌』
『望月町誌』
『佐久市誌』
『真田一族の史実とロマン』（東信史学会）
『真田一族のふるさと』（信濃毎日新聞社）
『武田信玄』（信濃毎日新聞社）
『信玄武将の起請文』（信毎書籍出版センター）
『信濃路の風林火山』（信濃毎日新聞社）
『上田城』（上田市立博物館）
『真田氏資料集』（上田市立博物館）
『展示概説図録―史・資料で見る上田の歴史―』（上田市立博物館）
『歴史読本「智謀の一族真田三代」』（新人物往来社）
『長野県百科事典　補訂版』（信濃毎日新聞社）
『最新年表　信濃の歩み』（信濃毎日新聞社）
『川柳真田三代記』（飯島花月著・柳書刊行会）
『立川文庫』
『花月文庫分類目録』（上田市立図書館）
『大阪城・上田城友好城郭締結記念特別展「真田幸村と大坂の陣」』（大阪城天守閣）
『古地図で散策する池波正太郎「真田太平記」』（人文社）

本書は主として『上田市誌』の記述を基本に構成し、新しい研究成果なども踏まえて編集しました。各地の博物館や神社、寺院、また関係する個人の皆様には、貴重な写真や資料等のご提供を頂き、ありがとうございました。この場をお借りして深く感謝いたします。

●刊行委員

母袋創一……上田市長
森　大和……上田市教育長
久保忠夫……上田商工会議所会頭
田口一朗……上田市自治会連合会会長
米田佐代子……らいてうの家館長・上田市観光大使
金子万平……作家・民俗研究家
深町　稔……週刊上田新聞社／事務局

●解説

寺島隆史……上田市立博物館館長
金子万平……作家・東信史学会会員

※所属・役職は初版発行当時

●協力

上田市

疾風六文銭
真田三代と信州上田

2007年 7月31日　初版発行
2015年12月23日　第5刷発行

編者……週刊上田新聞社

編集・制作・印刷……畑　美恵子
㈱ながのアド・ビューロ
㈱サンビーム

発行……週刊上田新聞社
〒386-0012 上田市中央6-3-41
TEL0268-22-6200 FAX0268-22-6201
http://www.weekly-ueda.co.jp

乱丁・落丁本は、お取り替えします。
©週刊上田新聞社　2007 Printed in Japan
ISBN978-4-915770-16-6

菅平高原

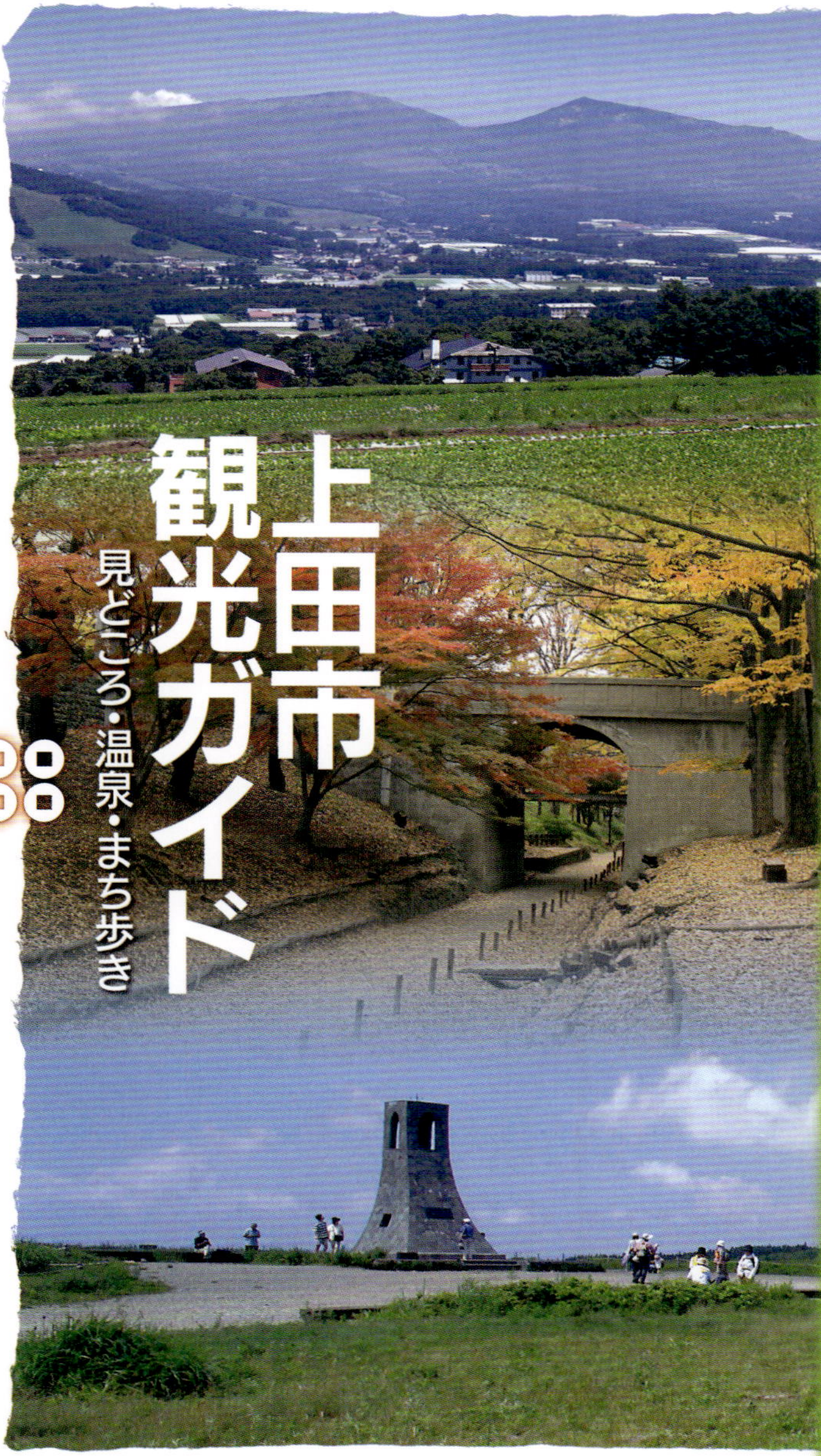

美ヶ原高原

上田市観光ガイド

見どころ・温泉・まち歩き

信州国際音楽村

上田城

武石余里のハナモモ

別所線

文殊堂

福寿草

上田まち歩き

上田城を中心に発展した城下町上田。現在もまちのあちこちらに歴史の面影が残されています。さまざまな時代に思いをはせながら、ゆっくり歩いてみませんか。

上田駅お城口から真っ直ぐ北に向かう通りの左側、風格ある建物は銘菓「みすゞ飴」やジャム、ゼリーなどでおなじみの飯島商店です。大正10年建築の木造3階建洋館造り。店内の落ち着いた雰囲気や調度には思わず溜め息が出ます。この店舗と事務所棟などは国の登録有形文化財となっています。

飯島商店店内

そのまま北に向かい、三井住友銀行の手前を左へ。突き当たりの上田藩主居館跡（現「長野県上田高等学校」）は、関ケ原合戦の後、真田信之が建てた居館で、表門と土塀、堀が残されています。

お堀に沿って歩き、上田市役所の前を通って上田城跡公園へ。上田城の本丸・二の丸にあたる場所が公園として整備されており、春の「上田城千本桜まつり」には全国から観光客が訪れる桜の名所としても知られています。公園内には歴代上田城主の甲冑をはじめ歴史資料や文化財などを展示する上田市立博物館があります。

そして堂々とした東虎《こ》口《ぐち》櫓門をくぐり、真田神社へ。真田井戸は本丸唯一の大井戸で、抜け穴が北方の太郎山や藩主居館に通じていたという伝説も。

真田神社の北、少し高くなった一帯が本丸跡で、秋の紅葉も見事です。また北東は丑寅《うしとら》の方角、お堀の北東隅は「鬼門《きもん》除け」として角を落としています。

上田藩主居館跡

さらに城からみて太郎山の麓、北東の方角には同じく鬼門除けとして寺院を集めています。公園の西には小松姫（信之の妻）の墓がある芳泉寺があります。

小休止には公園の北虎口を出たところにある茶室百余亭で、お茶を一服。

次は旧北国街道に出て柳町へ。歴史的な町並みが保存されており、江戸時代から続く造り酒屋や、当時の建物をいかしたそば店やカフェ、パン屋などが並びます。

上田城跡公園けやき並木遊歩道

原町に出たら上田駅方面に向かって進んだ左側、池波正太郎真田太平記館へ。直木賞作家・池波正太郎さんの『真田太平記』を中心に、著作や関連資料

JR東日本
50歳からの旅と暮らしを応援します。
大人の休日倶楽部
会員募集中
店頭にて即日入会を承っております
●満50歳以上の方へ。
大人の休日倶楽部 ミドル
JR東日本線・JR北海道線のきっぷが何回でも 5%割引
年会費：2,575円［初年度年会費無料!］
●男性満65歳以上、女性満60歳以上の方へ。
大人の休日倶楽部 ジパング
JR東日本線・JR北海道線のきっぷが何回でも 30%割引
年会費：個人会員4,285円・夫婦会員7,320円
※割引の適用には、一部制限があります。※この情報は2015年11月現在のものです。
国内・海外の旅行のご相談は びゅうプラザ上田駅 TEL.0268-23-3118

池波正太郎真田太平記館

を見学しましょう。

そこから通りをさらに南下し、中央２の信号を左折。海野町商店街から横町を経て旧北国街道常田の通りへ。映画「犬神家の一族」の冒頭シーンはここで撮影されました。

この通りの東にある科野大宮社は上田城の鎮守で、社叢林が見事。信濃国分寺との関係も考えられ、古くは信濃国府の総社だったともいわれます。

少し戻って南に下ると、明治33年創業の笠原工業常田館製糸場の繭倉が見えてきます。資料館常田館では当時の関係資料を多数展示。

ここまで来ればあとは枡網《ますあみ》用水路沿いに上田駅へ。この用水は水田利用のほか、かつては養鯉池や製糸工場でも利用されていました。

駅前広場の大きな水車は用水の水力で動いており、近くには真田幸村公の騎馬像がたっています。駅から西に向かうと、線路南側にサントミューゼが。サントミューゼは大小ホールなどを備えた交流文化芸術センターと上田市立美術館からなり、地域の文化拠点として期待されています。

旧北国街道柳町

小松姫の墓

サントミューゼ

蚕都《さんと》の面影のこす上田

上田地域は「蚕都上田」と呼ばれるほど、古くから蚕糸業が盛んでした。当地では養蚕、蚕種（蚕の卵）製造、製糸、絹糸業が互いに関係しながら、明治期に飛躍的に発展しました。

大正から昭和初期が養蚕の全盛期で、市内には蚕種製造家も多く、国内はもとより海外へも大量に輸出されていました。

明治25年に小県蚕業学校（現上田東高校）が、同44年に国内で唯一の蚕糸学専門学校である上田蚕糸専門学校（現信州大学繊維学部）が開校、蚕糸業をリードしました。

明治20年代後半、繭から生糸をとる器械製糸業が盛んになり、ことに丸子にあった器械製糸結社「依田社」の生糸は最盛期で出荷量が全国第4位、高い品質は「依田社格」とブランド化されるほどの優良糸でした。

やがて製糸工場で出る屑繭、屑糸を原料として糸をとる絹糸紡績が発展。昭和10年ごろに最も盛んとなりました。

戦後蚕糸業は次第に衰退。平成8年カネボウ絹糸丸子工場が閉鎖、国内ではただ一社となった丸子のシナノケンシも同15年に絹糸部門を閉業。

同社では敷地内の紡績工場の建物をそのまま生かし、絹糸紡績資料館を開設しています。

カネボウ跡地に建つザイデンシュトラーセン（ドイツ語で「絹の道」）は、旧カネボウ倉庫を改装したカフェ。1階には資料館も併設、製糸業で栄えた町の様子がしのばれます。

また明治33年に創業した笠原工業常田館製絲場の繭倉庫など7棟が、平成24年に国の重要文化財に指定されました。常田館は絹の文化資料館として一般公開されています。

信州大学繊維学部講堂

絹糸紡績資料館（シナノケンシ）

笠原工業常田館製絲場

蚕種協同組合

人と、自然と、コミュニケーション。

私たちは、
たくさんの人とめぐりあい、
コミュニケーションしたい、
と考えています。

先端機械を作って半世紀

西田技研工業株式会社

■本社・工場／長野県上田市上田原
TEL:0268-22-5152(代) FAX:27-7139
E-Mail：nti@nishida-ti.co.jp

■青木工場／長野県小県郡青木村村松
TEL:0268-49-3113(代) FAX:49-3117

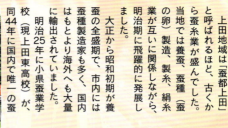

別所線で行く歴史散策

上田駅と別所温泉駅を結ぶ上田電鉄別所線。途中下車して自然と歴史にふれながら散策してみましょう。

上田駅から4駅目の上田原駅。武田信玄と村上義清の激しい戦いの地で、「上田原古戦場碑」のある石久摩神社は歩いて約15分（地図は35ページ）。

さらに北に向かって約15分進み、伝板垣信方の墓へ。武田家の重臣だった信方は愛煙家と伝えられ、墓前にはたばこを供える人もいます。また一帯には村上方の雨宮刑部や屋代源吾、小島権兵衛、さらに無名戦士のものと伝わる墓もあります。

上田駅から約15分で下之郷駅。まずは信濃屈指の古社・生島足島神社《いくしまたるしまじんじゃ》へ。

そこから2駅目、塩田町駅から南に見える独鈷《とっこ》山《さん》方面には、第二次世界大戦中に志なかばで散った画学生の遺作などを展示する無言館があります。前山寺の三重塔は国の重要文化財で、二層目と三層目には縁と欄干がないことから「未完成の完成塔」ともいわれ、5月には色鮮やかなフジが目を楽しませてくれます。塩田城跡から塩野神社まで、遊歩道（あじさい小道）が整備されています。

終点の別所温泉駅に到着したら温泉街をぶらり。常楽寺の石造多宝塔（重文）、安楽寺八角三重塔《きたむきかんのん》（国宝）を見て北向観音を参拝。

別所温泉は落ち着いた温泉情緒が人気で、周辺には約20軒の宿泊施設、3軒の外湯と日帰り入浴施設、足湯があります。

安楽寺 八角三重塔

生島足島神社

無言館

別所温泉・外湯めぐり

別所温泉は古くは「七久里の湯」とも呼ばれ、信州最古の温泉ともいわれています。七難八苦から逃れられる薬効の高い温泉として、親しまれてきました。

温泉街には3つの外湯と3つの足湯、日帰り温泉施設があり、別名「美人の湯」とも呼ばれる温泉が、気軽に利用できます。「信州の鎌倉」と称される当地の歴史とロマンを、たっぷりと味わってください。

▶湯かけ地蔵

▶足湯「ななくり」

石湯

天然の岩間をそのまま浴槽としています。

池波正太郎の大河小説『真田太平記』にも登場し、物語の中で真田幸村が女忍者お江と結ばれたのがここ、石湯です。入口前にたつ「真田幸村公隠しの湯」の標石は池波氏によるもの。

営業時間／6:00～22:00
料金／150円　定休日／第2・4火曜日

大師湯

比叡山延暦寺座主の円仁慈覚大師が、北向観音堂建立のため当地に来錫の折、好んで入浴されたことがその名の由来。

また安楽寺の開山樵谷、二代幼牛の両禅師の木像が夜な夜な入浴されるため、それを恐れた村人が像の目玉を抜き取ったという伝説もあります。

営業時間／6:00～22:00
料金／150円　定休日／第1・3木曜日

大湯

木曽義仲が依田城に拠って上洛の機をうかがっていた頃、ここに御湯屋を新築して愛妾葵の前としばしば入浴していたので、当時は「葵の湯」と呼ばれていたそう。

北条義政が信濃の守護職にあったときには「北条の湯」とも。

営業時間／6:00～22:00
料金／150円　定休日／第1・3水曜日

あいそめの湯

別所温泉の入り口にある、最も大きな日帰り公共温泉施設。

内湯、露天風呂のほか天然檜が香る岩盤浴や休憩ができる大広間もあります。足湯（無料）や多目的ホールも併設。

営業時間／10:00～22:00　料金／大人500円、小中学生250円
定休日／第2・4月曜日（祝日の場合は翌日）

伝統の木造校舎が高校生活の舞台

いつか咲く。思いどおりにきっと咲く。

さくら国際高等学校は「楽しくなければ学校じゃない」の思いを大切に、誰もが「ホッ」と安心できる学校をみんなで創りあげています。
あなたらしい一歩を、この場所で踏み出してみませんか。

学校法人 上田煌桜学園
さくら国際高等学校
広域通信制・単位制・普通科・男女共学
〒386-1433 上田市手塚1065〈旧西塩田小学校〉
TEL.0268-39-7707 FAX.0268-38-8718
www.sakura-kokusai.ed.jp/　さくら国際高校　検索

信州上田の地場産品

上田は晴天率が高く、日照時間が長いことや乾いた冷涼な気候が、高い品質の果樹や野菜、花卉《かき》栽培に役立っています。昼夜の気温差があるので、ことに果物栽培には適しています。白菜など葉物野菜は、標高差をいかして長期間の収穫が可能となります。

また高い峰々から流れ出る清流は田畑をうるおすことはもちろん、おいしい酒やそばを作ることにも役立っています。

古くから街道を通って都の文化が入り、また当地の産品も運ばれ人気を博しました。上田の自然と人が丹精して生み出した風土の賜物、どうぞ召し上がれ。

地酒　こだわりぬいた米と水で、手塩にかけた酒蔵自慢の逸品ぞろい。

信州味噌　全国に名高い信州味噌。本場の味を食べくらべ。

川魚　冷たい水で泳ぐから身が締まっていて美味。つけばは初夏の風物。

松茸　上田市一帯は松茸の一大産地。秋の味覚を思う存分フルコースで。

上田紬　独特のツヤと縞模様が特徴。大島・結城とともに三大紬として知られる。

農民美術　もとは冬場の農家の仕事。おおらかで力強くどこか懐かしい感触。

上田へのアクセスガイド

〈電車で〉
- 東京駅から北陸新幹線にて上田駅まで約1時間30分
- 名古屋駅から特急しなの号にて長野駅まで約3時間、長野駅で北陸新幹線に乗り換え上田駅まで約13分
- 大阪駅から東海道新幹線にて東京駅まで約2時間40分、東京駅で北陸新幹線に乗り換え上田駅まで約1時間30分

〈お車で〉
- 東 京 から／練馬IC→関越自動車道→藤岡JCT→上信越自動車道→上田菅平IC（約2時間30分）
- 名古屋から／小牧IC→中央自動車道→岡谷JCT→長野自動車道→更埴JCT→上信越自動車道→→上田菅平IC（約3時間30分）
- 大 阪 から／吹田IC→名神高速道→小牧JCT→中央自動車道→岡谷JCT→長野自動車道→更埴JCT→上信越自動車道→上田菅平IC（約6時間）

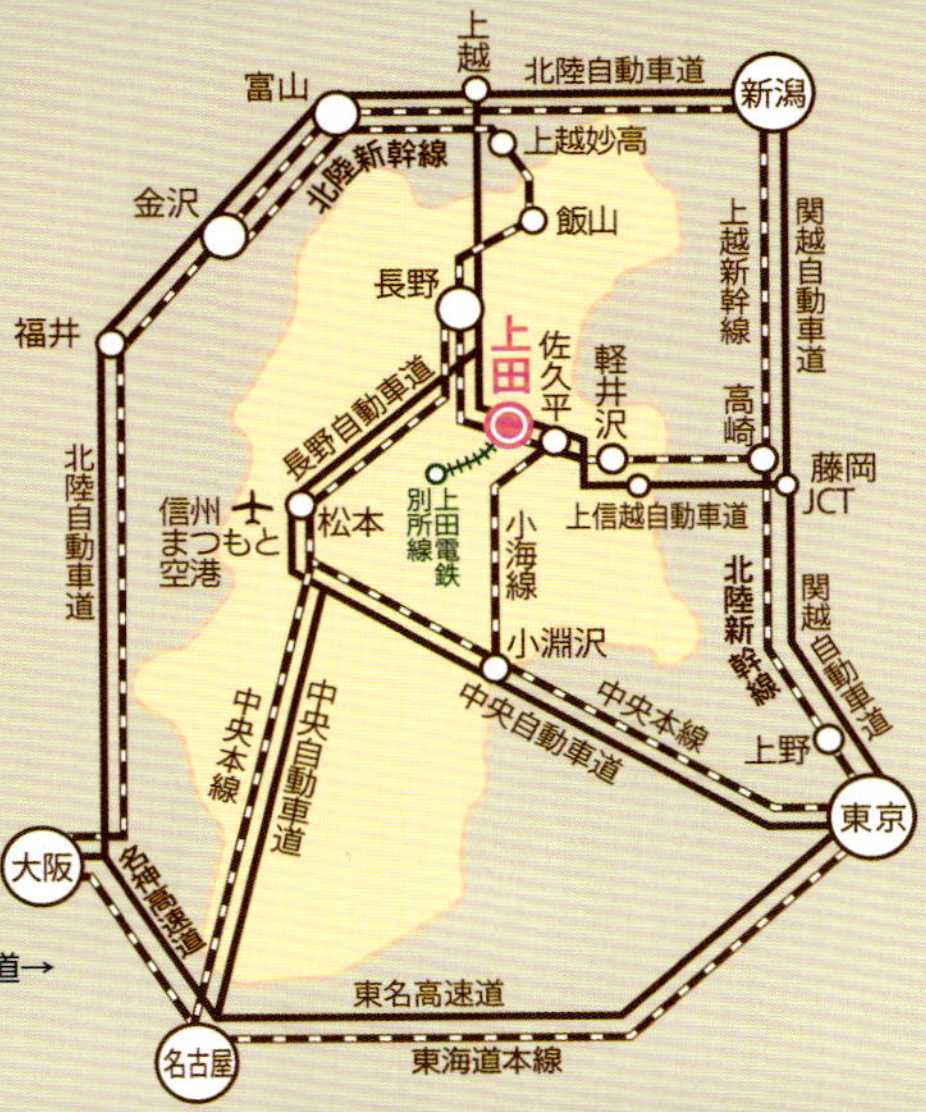

お問い合わせ

■上田市観光課
長野県上田市大手1丁目11番16号
☎0268-23-5408

■丸子地域産業観光課　長野県上田市上丸子1612　☎0268-42-1048
■真田地域産業観光課　長野県上田市真田町長7178-1　☎0268-72-2204
■武石地域産業建設課　長野県上田市上武石77　☎0268-85-2828

Eメールアドレス:kanko@city.ueda.nagano.jp
http://www.city.ueda.nagano.jp/kankojoho/
（最新情報はこちらへ）

信州上田のお土産 勢揃い!

上田の名産品、上田紬・地酒・銘菓などを取り揃えています。また、戦国の名将「真田氏」や、そのシンボル「六文銭」グッズ、雑貨など豊富なラインナップ!! ぜひご利用ください。

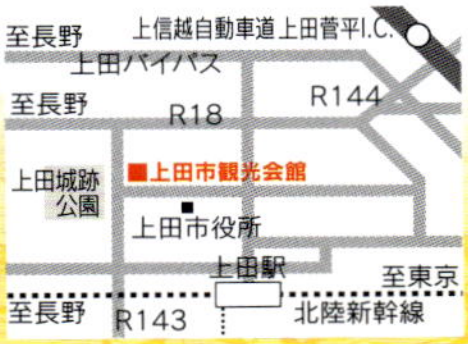

上田市観光会館
上田城東虎口櫓門から徒歩1分
上田駅お城口から徒歩12分
〒386-0024 長野県上田市大手2-8-4
TEL:0268-25-4403（売店）

博物館・美術館 ※市外局番0268

F-1	菅平高原自然館	☎74-2438
G-2	らいてうの家	☎74-1385
F-3	真田氏歴史館	☎72-4344
E-4	サントミューゼ	☎27-2000
E-4	上田市立博物館	☎22-1274
E-4	池波正太郎真田太平記館	☎28-7100
E-4	笠原工業常田館製糸場	☎22-1230
E-4	信濃国分寺資料館	☎27-8706
D-5	無言館	☎37-1650
D-5	信濃デッサン館	☎38-6599
E-6	絹糸紡績資料館	☎41-1800
D-6	丸子郷土博物館	☎42-2158
D-6	武石ともしび博物館	☎85-2474
B-7	美ヶ原高原美術館	☎86-2331
E-4	エディターズミュージアム小宮山量平の編集室	☎25-0826

レジャー施設・観光案内所ほか

G-1	菅平高原スキー場	☎74-2003 (菅平高原観光協会)
F-3	ゆきむら夢工房	☎72-2204
E-4	上田市観光会館	☎23-5408
E-4	上田駅観光案内所	☎26-5001
D-4	道の駅「上田 道と川の駅」	☎75-0587
E-5	信州国際音楽村	☎42-3436
C-5	塩田の里交流館 とっこ館	☎39-7250
C-5	塩田の館	☎38-1251
B-5	別所温泉森林公園	☎38-2626
B-7	武石観光センター	☎86-2003
B-7	番所ヶ原スキー場	☎86-2213

い合わせは・・・

TEL.0268-38-3510
TEL.0268-44-2331
TEL.0268-74-2003

信州上田観光情報 検索

http://www.city.ueda.nagano.jp/kankojoho/

観光に関するお問

上田市観光課	TEL.0268-23-5408
丸子地域産業観光課	TEL.0268-42-1048
真田地域産業観光課	TEL.0268-72-2204
武石地域産業建設課	TEL.0268-85-2828

別所温泉観光協会
鹿教湯温泉観光協会
菅平高原観光協会